CORPORATE
INNOVATION MINDSET
Das Redesign
Ihrer Unternehmens-DNA

唐古拉公司

重塑传统企业
创新基因的传奇故事

[瑞士] 马库斯·伯格
[德] 瓦伦丁·诺沃特尼 ——— 著
[奥地利] 克劳斯·韦斯曼

李嘉荣 ——— 译

中国科学技术出版社
·北 京·

Markus Berg/Valentin Nowotny/Klaus Weissmann
Corporate Innovation Mindset: Das Redesign Ihrer Unternehmens-DNA
1. Auflage, März 2021
© 2021 Schäffer-Poeschel Verlag für Wirtschaft · Steuern · Recht GmbH
www.schaeffer-poeschel.de
service@schaeffer-poeschel.de
Dieses Werk einschließlich aller seiner Teile ist urheberrechtlich geschützt. Alle Rechte, insbesondere die der Vervielfältigung, des auszugsweisen Nachdrucks, der Übersetzung und der Einspeicherung und Verarbeitung in elektronischen Systemen, vorbehalten. Alle Angaben/ Daten nach bestem Wissen, jedoch ohne Gewähr für Vollständigkeit und Richtigkeit.

北京市版权局著作权合同登记　图字：01-2022-2435。

图书在版编目（CIP）数据

唐古拉公司：重塑传统企业创新基因的传奇故事 /（瑞士）马库斯·伯格,（德）瓦伦丁·诺沃特尼,（奥）克劳斯·韦斯曼著；李嘉荣译 . -- 北京：中国科学技术出版社，2023.4

书名原文：Corporate Innovation Mindset : Das Redesign Ihrer Unternehmens-DNA

ISBN 978-7-5236-0085-6

Ⅰ．①唐… Ⅱ．①马… ②瓦… ③克… ④李… Ⅲ．①公司—企业管理—通俗读物 Ⅳ．① F276.6-49

中国国家版本馆 CIP 数据核字（2023）第 037662 号

策划编辑	何英娇　陈　思	责任编辑	陈　思
封面设计	马筱琨	版式设计	蚂蚁设计
责任校对	焦　宁	责任印制	李晓霖

出　　版	中国科学技术出版社
发　　行	中国科学技术出版社有限公司发行部
地　　址	北京市海淀区中关村南大街 16 号
邮　　编	100081
发行电话	010-62173865
传　　真	010-62173081
网　　址	http://www.cspbooks.com.cn

开　　本	710mm×1000mm　1/16
字　　数	237 千字
印　　张	17.25
版　　次	2023 年 4 月第 1 版
印　　次	2023 年 4 月第 1 次印刷
印　　刷	大厂回族自治县彩虹印刷有限公司
书　　号	ISBN 978-7-5236-0085-6/F·1112
定　　价	69.00 元

（凡购买本社图书，如有缺页、倒页、脱页者，本社发行部负责调换）

前　言

公司如何才能拥有更强的创新能力？正如大家从别人口中听到的那样，企业创新最基本的两个要素是：创新预算和企业规模。大公司有能力创建创新团队、启动实验室、运行孵化项目，加速企业创新步伐，他们还能将企业领导团队定期送去硅谷培训。但是如果一家企业能投入的资源不足，就不得不要求创新工作要立见成效，并对外宣称自己是一家"追求效率"的公司。这样，企业就变成了"创新大剧院"，只是一场创新表演，实际根本做不到。如果企业朝着这个方向发展，那么这家公司几乎就没什么希望了！

但是，如果将那些多年来认真寻求创新发展之道的企业称为"创新大剧院"，实在是不公平，这是在贬低他们多年来的努力。事实上，创新没有那么简单！因为企业家们只能独立摸索创新之道，所以几乎没有什么成功经验可借鉴。

多年来，我们一直在观察德国、奥地利、瑞士（简称 D-A-CH 地区），以及美国和亚洲各国的创新动态。我们发现，一些企业关于创新的尝试十分天真幼稚。那些企业家坚信，只要将美国、以色列或中国的创新想法带入自己公司的研讨会或印在宣传海报上，就能在公司里产生某种作用，从而迸发出创新的火苗！但事实并非如此。

在本书中，我们将带你领略一场激动人心的创新之旅，一定会让你久久难以忘怀。与其说是旅行，其实更像是潜水，我们一起乘坐潜水艇，去探索那片至今还没有人敢去尝试的迷人世界——"创新基因"。

本书虚拟了一个公司——唐古拉股份公司，和七位主角。但是书中发生的故事却是来自现实世界里真真切切的案例，例如，第 4 章中提到的创新中心就是真实的。

"创新基因"真的存在吗？我们不知道。但是你可以在公司里检验一下它们是否管用！我们真心希望本书可以给你带来良好的阅读体验，希望我们的"创新基因"能帮助你的企业走向成功。

人物介绍

唐古拉股份公司的七位主角

1. 古斯塔夫·冯·布吕尔（Gustav von Brühl）：布吕尔家族的第三代传人和财产继承人，他创立了唐古拉股份公司，之后逐渐退出了公司的日常业务。

2. 海因茨·凯因茨鲍尔博士（Dr. Heinz Kainzbauer）：研发部经理（FuE），"有才华的合伙人"，坚持按照"瀑布原则[①]"学习和工作，导致他对待新事物过于保守。他对灵活的工作方式和开放的创新思想持批判态度。

3. 斯文贾·伊勒特（Svenja Illert）：创新部经理，精通创新理论，实践经验不足。

4. 丹尼尔·雷施（Daniel Resch）：生产部经理，企业专利核心负责人，实干家。

5. 塔雅·施密特米勒（Tanja Schmidtmüller）：人力资源部经理，乐于助人，愿意不断提升自己。

6. 佩尔－奥利弗·詹森（Peer-Oliver Janson）：IT部门经理，非常熟悉敏捷项目管理，如项目管理软件Scrum和Kanban。

7. 史蒂芬·霍夫曼（Stefan Hoffmann）：唐古拉股份公司总经理，和冯·布吕尔相处得很好。

[①] "瀑布"指信息瀑布，又称信息级联。描述了人们的选择受到前人信息的影响，放弃自己的喜好，追随前人的选择的一种现象。羊群效应也揭示了如此现象。——译者注

目　录
CONTENTS

01 背景介绍 　　　　　　　　　　　　　　　　001

02 唐古拉公司未来将走向何方 　　　　　　　　015

03 探索创新基因及其免疫系统 　　　　　　　　029

04 前往 8 个创新热土探索学习 　　　　　　　　041

05 实地调查走出创新捷径 　　　　　　　　　　125

06 "灯塔项目"和免疫应答 　　　　　　　　　　135

07 重塑企业 DNA 的 59 个创新基因　　　　　　　　　　　155

08 潜艇战略：重新设计潜在的 DNA　　　　　　　　　　175

09 潜水艇下潜：重塑唐古拉 DNA　　　　　　　　　　　191

10 快速前进：展望唐古拉具有颠覆性的未来　　　　　　249

11 成功法则：重新设计企业基因的行动指南　　　　　　257

致谢　　　　　　　　　　　　　　　　　　　　　　　265

参考文献　　　　　　　　　　　　　　　　　　　　　267

01

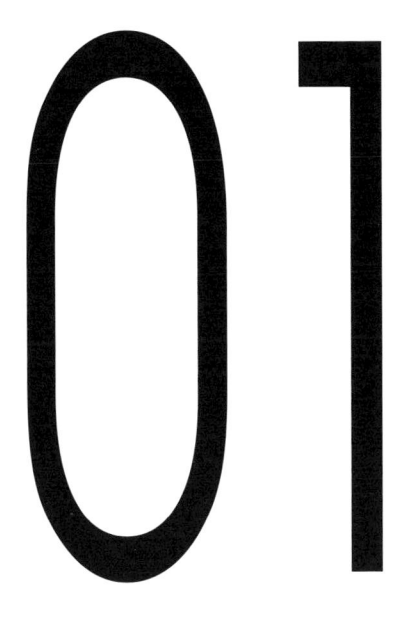

背景介绍

研究目标：唐古拉股份公司

我们此次的探索之旅的研究对象是唐古拉股份公司。唐古拉股份公司是一家坐落在德国黑森林[①]地区的虚构中型企业，别看它只是一家生产屋顶瓦片的企业，却是商界的一匹黑马。该公司历史源远流长，本书中，我们亲切地称它为"唐古拉"。我们此次的探索之旅就从它开始，看看它是如何在历史进程中彻底重塑自己的。

从在狭窄的利润空间里挣扎求生，到成为全球性创新引领者，这家传统企业——唐古拉，如何实现了惊人的蜕变？它是如何开发出一套成功的商业模式，让公司得以及时修正发展方向，成功进军全新的未来市场的？唐古拉的企业故事奇幻、美妙，它的经历像一趟"企业"号太空飞船的星际穿越之旅：

宇宙空间，广袤无垠。此刻是2200年，"企业"号太空飞船载着400名船员开始了为期5年的探险之旅，去挖掘未知星系，发现新生命，探索新文明。在这个距离地球几万光年的地方，"企业"号穿越了人类从未见过的美丽星系。

不过，唐古拉不是浩瀚宇宙中的飞船，它的"蜕变"是真真切切在我们身边发生过的故事。你将有机会见证重新设计企业基因所带来的深刻变化。并且，本书将时下在德国、奥地利和瑞士最为流行的创新观点做了整理，你会接触到最新的创新思想，相信这些新思想一定能给你诸多启发。由于

---

① 黑森林，地名，位于德国西南部。——编者注

写作时间仓促，疏漏之处在所难免，希望读者批评指正，后续我们会为您奉上更加精彩的内容……

"创新游猎"

如果你去那些创新热土实地考察，看看那些国家的公司怎样突破创新瓶颈，你就难免会心存疑惑。因为通常情况下人们并不是真有多大的"研究热情"，只是受到了感官刺激的蛊惑。这就像在非洲进行游猎，首先浮现在人们脑海中的一定是"五大野兽"——非洲象、黑犀牛、非洲水牛、非洲狮和非洲豹。但是当你近距离观察过它们，并且在猎场看守的保护下坐着吉普车安全离开后，你不禁会想：这样的游猎能帮助你迸发出"更新的点子"吗？

什么样的游猎才能真正对一个想实现居家工作的人有所启发？比如，像研究团队那样，去非洲仔细观察那些动物，用照相机和高清的摄影机记录动物的行动？一个人的眼睛每秒可以处理16~18张图片，因此，视频技术中每秒视频有24帧画面，也就是说，我们眼睛所看到的移动画面其实是由大量图片组成的。现代电影技术已经可以达到每秒48帧，但是试想，如果可以用每秒96帧或192帧的技术记录动物行为，会发生什么呢？我们会得到大量基础数据，然后借助专业知识和团队合作分析这些数据，挖掘出更多关于非洲"五大野兽"的奥妙。

当然，本书可不是为了教你如何观察非洲"五大野兽"，而是为了向你传授企业创新的法宝。至于具体有多少个法宝，此时此刻请允许我暂时卖个关子。从洪堡[①]人的角度来看，这绝对也算是一场真正的游猎——向未知世

[①] 柏林洪堡大学，创办于1810年，其前身是柏林大学，位于德国首都柏林，是一所公立综合类研究型大学，第二次世界大战前的德国最高学府和世界学术中心。

界启程。如果你真的有创新热情，这样的旅程一定会带给你无限惊喜。本书秉持洪堡的教育理念——"研学合一"，带领你体会真正的探险，给你机会大胆尝试。唐古拉是位于德国黑森林地区的一家虚拟公司，它的创新活动中有 7 名参与者，他们寻找、探索可以移植到自己公司的创新基因，以期自己的企业进一步发展，走向成功。

创新中的"基因剪刀"

所谓的"基因剪刀"，就是 20 世纪 90 年代著名的 CRISPR/ Cas9 基因编辑技术[①]，这一技术的诞生彻底革新了医学界。今天，CRISPR/ Cas9 基因编辑技术用于治疗艾滋病、癌症或各种遗传性疾病——这些疾病至今还没有有效的治疗方法。

德国埃马纽埃尔·沙尔庞捷（Emmanuelle Charpentier）教授和美国珍妮弗·杜德纳（Jennifer Daudna）教授发明的 CRISPR/ Cas9 基因编辑技术具有革命性意义，它就像文本编辑器一样，可以改写植物、动物以及人类的脱氧核糖核酸（后简称 DNA）。这让重新设计 DNA 变得极为容易，这一技术带来机遇的同时也带来了风险。

但是对于企业发展，这一有效的"疗法"还没有开始发挥作用。为什么呢？很多企业都面临着"创新疲劳"。到目前为止，只有少数企业在创新方面进行了深入认真的考察，并成功将观察到的关键创新基因"编辑"到自己公司的 DNA 中。

然而，大多数情况下，创新基因"编辑"无法在企业创新发展方面发

---

① 基因编辑技术涉及科学伦理问题，仍待各界研究解决。——编者注

挥巨大作用，这主要有三方面原因：首先，这项工作是一场冒险，推进太过困难；其次，固有企业文化的"免疫反应"太大；最后，该方法未经验证，企业家大多信不过它。鉴于这些原因，我们打算写这样一本书，为企业家解决以上问题。书中内容不光告诉你如何革新企业，更重要的是教你使用"基因剪刀"重新编辑企业基因。我们会告诉你，一艘笨重的油轮如何能一再重新调整方向，开启新征程，面向新未来——这往往是企业家必须面对的问题。

防御系统

本书一大重点就是为企业家提供一套企业创新发展的指导原则，并详细介绍 50 多种创新基因。除此之外，我们还会帮助企业家分析阻碍创新基因发挥作用的因素。

没错，我们将深入、系统地研究一个组织对新事物的"防御系统"。据我们观察，这个系统虽然微小，但是却能对企业各个领域造成极大影响——这往往会让事情变得不那么容易，而且它还会不断自我强化。这个防御系统十分狡猾，识别它、克服它对一个组织来说，无疑是一个巨大而又必须面对的挑战。

让新系统改变旧系统

本书将带给您什么惊喜？本书不是一篇介绍创新管理的学术论文，我们致力于从多维度介绍创新，提供给您的不是照本宣科的创新"菜谱"，也不是仅仅罗列数据的创新"蓝图",而是创新的具体实施方法,相信您定能从中获得启发。[1]

如果企业不具备基本的创新条件或思维方式,只借助这些技巧能否让企业更具创新性?本书中收集的素材都是近年来我们追踪大量公司得到的真实案例。我们与很多创新管理者交谈,并且对德国、奥地利和瑞士这些创新高地进行深入研究,还研究了公司创新改革中的痛点。我们还着眼于研究企业运行机制,分析哪些机制有利于激发企业创新力,哪些机制是企业创新改革路上的绊脚石。我们将研究结果汇集在"唐古拉股份公司"中,为您展现系统化的创新方法。本书还提到了企业家是如何成功克服企业机制带来的创新瓶颈。

本书中,我们会为企业家提供新的视角,帮助企业家从现在开始尽快克服其工作中的狭隘性。旅行会打开人的眼界,但是并不是所有的人都有这样的时间和金钱,况且,由于一些客观因素,我们也不是想去哪就能去哪。鉴于此,唐古拉股份公司带领你足不出户感受一场创新之旅——如何从精细的观察、实验以及有针对性的反思中生发出一套高效的创新基因?唐古拉股份公司如何能够成功重塑自己的企业基因?通过阅读本书,你将亲身经历这些。除此之外,我们还会告诉你,一个企业如何重新建立起令人信服的运行机制。同时,为了进一步发展企业文化、改善企业思维方式,企业需要建立一套有针对性、系统化的指导方针,这就需要企业家知道如何才能让创新基因真正成为企业发展的内部助力器。因此,企业家要明白,要想改变一个旧系统,就得建立一个新系统。

---

[1] 例如,黑马公司的《数字化创新手册》(*Digital Innovation Playbook*),本诺·范·艾尔森(Benno van Aerssen)和克里斯蒂安·布霍尔茨(Christian Buchholz)等人所著的《创新大词典:激发企业创造力和创新性的555种方法和手段》(*Das große Handbuch Innovation: 555 Methoden und Instrumente für mehr Kreativität und Innovation im Unternehmen*)。

唐古拉股份公司的七位主角

系统的建立依赖于人。如何提高人的创新力？这正是本书的精髓所在。这里，请允许我介绍一下唐古拉股份公司中最为重要的一个人——古斯塔夫·冯·布吕尔，他是布吕尔家族的第三代传人和财产继承人，他创立了唐古拉股份公司，之后逐渐退出了公司的日常业务。作为元老，40年来他带领公司克服重重艰难险阻，几经辉煌，也曾惨淡。唐古拉公司从来不曾创新，只是在按照布吕尔安排的那样一直运营着。

这让唐古拉逐步成长为壁龛市场的行业引领者。这家公司的前身是一家小型瓷砖厂，60年前由布吕尔的祖父创办于德国黑森林地区。如今，这家公司已经开发、建造出专门用在体育场馆里的智能移动屋顶和可以用在世界各地工业厂房里的采光更好、结构更加稳定的屋顶。这一技术引起了法国文化部的注意，他们想请唐古拉参与法国巴黎圣母院的重建工作。

不久前，唐古拉正式开启了创新发展之路，开始"以全新视角重新考量"公司的业务。一个由公司领导班子组成的创新团队诞生了，他们都拥有强烈的创新热情，并对公司无比忠诚。在他们的领导下，短时间内唐古拉就有了或大或小的进步。虽然把唐古拉带到今天这样位置的，只是这几个人身上展现出的智慧和坚韧，但是公司却因这些品质逐渐发展为一个基础深厚、运行高效并且不断赢利的高价值企业。

"一切进展顺利！"这句标语一直鼓励着人们坚持下去。正如企业数据采集和控制部门对企业未来发展作出的预测那样，短中期来看，公司的情况确实没有那么糟糕。虽然早就有消息传出，企业将对一些阻碍其发展的劣根顽疾进行大刀阔斧的改革，即便是一些根深蒂固的机制恐怕也难以幸免，但是对于具体执行创新改革的企业员工来说，他们并不担心，因为他们手握一支创新团队，并且非常骄傲地将其称为"梦之队"。

近年来，公司在商业发展中获得了一些成功，**研发部经理（FuE）海因茨·凯因茨鲍尔博士**为此做出了巨大的贡献。作为公司的一员大将，尽管多年来他负责的很多项目都未能按时完成，有的甚至超出了预算，但他还是继续坚持按照"瀑布原则"学习和工作，这导致他在对待新事物上过于保守。他对灵活的工作方式和开放的创新思想非常抵触，反而更喜欢公司内部等级制度明确、拥有长期规划，并且希望管理层对公司业务严格控制。对于那些在管理学领域流行的词语，他更是非常恼火，他称这些流行词像"到处乱窜的塔兰托毒蛛[①]"。

创新部经理斯文贾·伊勒特的态度则截然相反，她对创新十分精通，每当谈起创新理论，她都十分开心，她说没有什么创新方法是她没听过的。虽然在创新方面的实践经验还不足，但是她的专业形象总是给人留下十分深刻的印象。她对科学的热爱胜过一切，简直就是一个女版的克里斯蒂安·德罗斯滕（Christian Drosten）[②]。

生产部经理丹尼尔·雷施是企业专利的核心负责人。作为一名实干家，他总能为问题找到具体的解决途径，虽然有时他的行为显得冲动、迅速、直接，但是他总能精准追踪到问题的深层次原因。

人力资源部经理塔雅·施密特米勒与丹尼尔不同，她总是心情很好，态度积极乐观。她的袖管总是卷起来的，看到有人需要帮助就毫不吝啬自己的热心肠，她还经常参加培训提升自己。

经验丰富的 **IT 部门经理佩尔-奥利弗·詹森**非常熟悉敏捷项目管理，

[①] 据说患者被塔兰托毒蛛咬后会造成塔兰托毒蛛病，又哭又跳，最后发展为狂舞。但现已证明，此蛛对人其实并无危险。这里拿塔兰托毒蛛比喻管理学流行语对人造成的负面影响之大。——译者注

[②] 克里斯蒂安·德罗斯滕：现任德国柏林夏里特医院病毒学研究所所长，德国病毒学家。是 2003 年 SARS 病毒共同发现者之一。

如项目管理软件 Scrum 和 Kanban。虽然这些工具目前只在唐古拉的 IT 项目里使用，但是他对它们并不陌生。

史蒂芬·霍夫曼思想开放，因此目前由他担任公司的业务部经理。他的上司就是古斯塔夫·冯·布吕尔，虽然有时他也会和高尔夫球友抱怨两句，说如果布吕尔再发脾气他就不干了，但是其实他与他的上司相处十分融洽。

前不久，史蒂芬在他的几个同事面前说："冯·布吕尔是一座冒烟的活火山。"之后他又意味深长地补充道："只要这座火山不在我们眼前喷发，黑森林的一切都会井然有序。"其他人听后开心地笑了起来。不过，任何时候都不能否定一个事实，那就是活火山一定会在某刻喷发，但人们心中也十分清楚，每一次喷发的结果都没什么不同。

六大核心论点

在撰写本书时，我们一直以六个核心论点为指导，见图 1-1。

主题 #1 走进创新热土，深入探索创新奥秘 **创新之旅**	主题 #2 开启自主创新，不能光靠外部灵感 **学习效果**	主题 #3 分析创新基因，清楚企业现状 **创新基因**
主题 #4 面对企业例规，教你克服"免疫系统" **克服免疫机制**	主题 #5 探索创新理念，实践案例非常必要 **实践案例**	主题 #6 重塑企业基因，操作指南至关重要 **操作指南**

图 1-1　六大核心论点

探索创新热土的奥秘

小到产品、服务，大到企业，想要实现创新发展都不是一朝一夕的事，而需要一个长期过程，在如今这个时代尤其如此。创新动力的数字化发展和竞争激烈的全球市场，迫使许多企业在更短的时间内找到成功的商业模式，从根本上调整公司架构或者完全抛弃旧模式走一条全新的发展之路。

然而，开展更多、更深入的创新真的必要吗？显然，这种"必要性"把许多公司都推向了极限，正如约翰·富勒（Johann Füller）教授所说："今天，并不是有新的想法就能去创新。现有的方法也可以让企业快速迸发出高质量的创意，为客户提供更好的产品、服务和流程。"[①] 他还说："当今时代创意比比皆是，想要获得这些创意比以往任何时候都容易。但是只有少部分企业能够用上这些创意，而多数企业似乎并不想如此冒进。"

而其他公司则高度适应这种新形势，通过不断进化自己来满足新要求，趁势发展、壮大。发展环境多种多样，企业为适应持续发展的环境所采取的战略自然也不同。越来越多的企业家开始大胆走出旧模式，去外面的世界接触新方法、新思想。简单来说，就是利用外部灵感。精益产品开发（Lean Startup）的创始人之一史蒂芬·布兰克（Steve Blank）曾说："公司大楼里没有真相，真相得去外面找。（There are no facts inside the building so get the hell outside.）"因此，企业纷纷走上创新之旅也就没什么好惊讶的了。

我们通过对奥地利、瑞士和德国的创新案例进行细致入微的研究，并结合其发展环境进行分析，得出创新何以能够在这片土地上生根、发芽的原因，我们还总结了他们的创新工作方法以及目前创新发展的变化趋势。在本

[①] 摘自沃尔克·比尔格拉姆（Volker Bilgram）、约翰·富勒（Johann Füller）和米歇尔·莱特尔（Michael Leitl）在 2018 年 3 月 19 日在《哈佛商业经理人》（Harvard Business manager）杂志上的采访。——译者注

书第 4 章的 8 个小故事中，我们为读者呈现了一个五彩缤纷、引人入胜的创新世界，让你能够足不出户就领略到德语国家的创新生态系统。

自主创新不只来自灵感

目前，探寻创新的旅行正在国际上蓬勃发展，这可不是陈词滥调，而是现实。在美国硅谷、新加坡以及中国上海发生的许多变化让人惊叹不已，即便你自己不曾亲身经历过，也没关系，你可以从别人的经历中学习。企业家总是对自己圈子以外的世界饶有兴趣。他们渴望灵感，如果能够有机会到GAFA（谷歌、苹果、脸书和亚马逊四家互联网巨头公司的简称）这样的全球创新巨头企业中参观，绝对会吸引许多人。"愿创新的火花迸溅到我们身上！"许多参加创新旅行的企业家都都有这样热切的希望，但是由于这样的机会不是轻而易举就能获得的，对于那些难以成行的企业家来说，这样的希望几乎令人绝望。

毫无疑问，通过这样的旅行积攒新的灵感非常重要，也很正确。但是，企业家从这样的旅行中究竟能获得什么？如果不能将旅行中的所见所闻运用在公司运作管理中，再好的灵感又有什么用呢？耗费巨大的旅行终是一场空，公司还是只能依靠企业家"看似有道理的臆想"继续运转。

企业家即便没有参与旅行，从个人发展的逻辑上来看，同样需要思考这样的问题，合理权衡这样的创新之旅究竟能给自己带来多少价值，其中的风险是什么。通常情况下，人们不愿意轻易触碰不熟悉的东西，也不愿意质疑行业通则，因为这似乎更让人有安全感。自然，如果企业家选择安全感，整个企业也就会失去创新的可能。我们总能从那些尝试过创新的企业家口中听到这样的话，"创新在网飞（Netflix）、脸书（Facebook）、谷歌（Google）等公司能很好地实施，但是在我的公司就不行。"他们总是觉得创新并没有给公司带来足够多的好处。对此，我感到非常遗憾！真的特别遗憾！随着数字化不断发展，全球竞争日益激烈，企业面临的创新压力越来越大，企业需要找到自己的独特优势才能不被淘汰。企业需要自主创新，但是零星几点创新灵感并不足以支撑整个企业的创新变革。

创新是企业的核心基因

企业如何创新，这个问题的答案变化非常迅速。当企业家刚开始接触创新这个主题时，会发现企业创新的模式、方法、形式和工具在不断发展。那么，创新依靠什么？创新得以成功的关键究竟是什么？过去，企业创新发展依靠开放式创新，如今，人工智能迅猛发展，已经成为推动创新的主力。此外，企业正越来越多地尝试新的"自由空间"和灵活的网络，甚至将目光投到井然有序的企业界之外。

并且，越来越多的企业不仅将创新视为一场难以避免的变革，并且已经下定决心系统化处理这个问题。如今，企业的创新能力已经成为其不可或缺的竞争优势。从本质上讲，创新不仅仅事关产品开发，更注重从整体上提升公司能力及其影响力。创新是公司的核心理念，是它的 DNA。企业家要想提升公司的创新能力，仅仅依靠创新旅行去学习创新还不够，因为光看不练，那些创新知识很快就会被遗忘。"学习创新的核心在于学习平衡两种完全不同的模式：探索新事物、优化旧事物。"

唐古拉将企业 DNA 可视化，从而可以准确识别并演练创新模式和创新策略，将正确的创新模式匹配上对应的创新基因。

克服企业例规的阻碍

许多人都观察到一个事实：创新往往会遇到阻力。其实，这是因为几乎每个公司都有一套长期沿袭却难以察觉的例规，它会阻碍、压制创新。"在一个长期稳定的系统中，比如一个成功的企业，激进的创新变革会遇到巨大的阻力。因此，即便是对产品和工艺进行优化，也要像做开颅手术那样谨慎。"

企业自身的"免疫系统"在不同领域以不同的方式发挥作用：精细的工作流程、规则，早已内化于心、用于激励员工的企业文化，一定比例的风险准备以及相应的决策结构。这种经过很多年才建立起来的"免疫系统"就像一个必要的保护机制，可以保障企业这台现有的"价值创造机器"能够全速运转，并且可以防御或消除任何可能对企业造成不良影响甚至破坏企业的因素。

通常情况下，不管是特异性免疫还是非特异性免疫，想要克服它们都得费一番功夫。为了让创新因素成功克服"免疫系统"，唐古拉设计出一套"潜水艇策略"，这个策略也可能适用于你的公司。让我们来给你一个惊喜吧！

实践案例的重要性

本书提供了德国、奥地利和瑞士地区的创新概况，书中的创新小故事展示了不同公司在创新方面的不同做法和经验。除此之外，企业家还可以从中获得"行动指南"。那么，如何才能更好地理解这些创新基因？如何更好地理解指导创新战略的基本原则？如何才能避开企业的免疫系统和防御机制？

唐古拉的主角们将告诉你，如何在公司的日常运转中顺利兼容优化和开发，以及在创新转型中可能会遇到哪些挑战。唐古拉创新团队怀揣激动的心情踏上旅程，在德国、奥地利和瑞士寻找有价值的公司，探索其创新新理念，并从中获得启发。

他们很快发现，各个公司创新主题多样，创新方法迥异。直到后来，他们才想出办法将创新DNA中的所有因子系统地汇编在一起。由此可见，要想重新塑造企业DNA，需要反向一步一步地将这些因子重新拼接在一起。

同时，为了让创新基因能真正在公司中存活下来，唐古拉的主角们摸索如何让创新从实验走向应用，他们将学到的创新知识移植到自己公司中，使之成为可以推动公司发展的可持续的有效创新基因。

重塑企业基因的操作指南

如果想让公司创新发展，企业家必须懂得避开或者克服公司的防御机制带来的阻碍。这时，一份解释创新发展战略和方法的操作指南就显得尤为重要。如果你将唐古拉的故事读完，就会发现我们在第 11 章为你提供了一个简短的指南，它告诉你如何在公司里有效推进创新——两条指导原则：一是"越实用越好"，二是"简练之中见精髓。"

02

唐古拉公司未来将走向何方

成功的中型企业和它的掌门人

古斯塔夫·冯·布吕尔正驾驶着他的深蓝色汽车行驶在从豪萨赫到施恩瓦尔德的乡间小路上。今天，这条蜿蜒曲折的小路格外令人心情愉快，因为在度过了短暂的几周假期后，这是他第一天去公司，他非常期待。和妻子在国外度过了非常开心的几周假期，时间飞逝而去。今天早上，太阳像是在和笼罩在田野上的雾气顽强斗争着，现在阳光终于如愿照耀在小路上。在这个夏日，大自然仿佛才慢慢苏醒。

其实，公司已经不是他的了。4年前，66岁的布吕尔作为董事会成员执掌公司业务42年后，决定退出董事会，不再参与公司的日常业务，他将唐古拉公司的所有事务都移交给管理委员会，自己只负责监事会。于是，他有了更多时间去旅行，这是他在董事会期间一直想做却没有时间做的事情。

新视角，新世界

在过去几年，旅行让布吕尔有机会以全新的视角重新认识世界。他还在妻子以及自己好奇心的驱使下，探访了很多以往只能从报道中才能了解的国家。这些旅行一次又一次让他感受到，走出熟悉的黑森林地区对他来说是多么大的挑战，同时，研究新事物需要多大的勇气和努力。

当布吕尔继续心满意足地向北行驶时，车载收音机开始播报《八点钟新闻》，"昨日，德国政府最终决定淘汰煤炭，不再使其作为能源。德国政府决定即日起停止开采、使用煤炭。德国联邦环境部长指出：'坚持长期采取这一举措是为了进一步为环境和气候保护作出贡献，同时也是为了履行德国的国际义务。'"

"不错！是时候这么干了，我们真的该为气候变化做点什么了！"布吕尔暗自思忖。广播继续报道与这一举措密切相关的各方人士的发言，有的人表示非常尊重执政党的决定，有的人则出于各种原因表示反对。一旦停止使用煤炭，势必会伴随一系列的问题，比如民众生活成本的上升、受影响行业的抗议以及可能会威胁到整个地区现有的经济结构。"这肯定没想象中那么容易实施。"布吕尔想了想，继续踩下油门往前开。

他在心里琢磨，"我们究竟应对气候变化作出过什么贡献？"毕竟，如果没有飞机，他怎么可能在很短时间内去那么多地方。作为一名德国企业家，他能为海洋中的塑料污染做些什么呢？毕竟，塑料垃圾是从杂货店开始的……就在去年，布吕尔想要买一台新车，在分析了电动汽车的优劣后，他还是选择购买使用清洁汽油的燃油车。确实，想要真正了解气候变化并为之做出改变，还有很长的路要走。哦，对了，说到气候，气象预报说今天的黑森林地区将阳光普照，异常炎热。

改变让未来更美好——唐古拉亘古不变的成功法则

布吕尔将车开进企业大院时，门岗值班的工作人员朝他友好地招手。他把车成功停入监事会预留车位。"至少，这里看上去都还算井然有序。"40年前，他从父亲手中接过大权，那时的监事会运行得一塌糊涂，几近破产。自他上任后，开始实行自动化生产，生产效率大大提升，终于把原来的砖厂发展为现在强盛的唐古拉。

今天，唐古拉还是像40年前一样主营屋顶瓦片，生产各种样式和颜色的瓦片，这些"泥土烧成的瓦片"是公司的主要营收来源。布吕尔说："屋顶瓦片很多人都能做，但是没有人像我们一样！"看到唐古拉如此成功，他说的的确没错。布吕尔是一个精明干练的商人、工程师，他总能收获成功，对成功有敏锐的直觉。20世纪80年代，他及时抓住批量生产精益化、高质化、灵活化的时代大势，将公司发展的战略定位转向国际市场，引导公司产品多样化发展。除了以坚固著称的"经典款"瓦片，为了开辟欧洲以外的市场，布吕尔还逐步开发出新的产品线。他的远见卓识、自信以及强大的供销体系为公司走向成功铺平了道路。从垂直整合收购东欧的原材料供应商，到系统化发展唐古拉品牌，到处都有他的身影。

秉承布吕尔的座右铭——"改变让未来更美好"，唐古拉在过去10年里系统优化工作流程，逐步发展成为德国黑森林地区最具影响力的公司，被视为最理想的商业合作伙伴。今天，"唐古拉"已经成为公司产业链中一张靓丽的招牌。公司的专业化运作既保障了生产的产品零瑕疵，也使其员工具备国际一流的技术。

除此之外，公司还有自己的专家团队。"这些专家对自己的课题非常精通，只有他们才知道下一代产品该从哪里着手。"还有一些部门主管的专业知识同样非常扎实，比如项目开发负责人、建筑师以及各建筑公司的领导，这些都是公司得以成功的助推器，布吕尔对此至今深信不疑。"如果你准备开拓新领域，千万不要忘记支撑你获得成功的奠基石。"布吕尔的这句话早已成为唐古拉管理层工作的信条。

这位掌门人尤其热衷通过现代化改革为企业创收。最初，他同黑森林地区的一所私立大学合作研究制造屋顶瓦片的新材料，受到诸多质疑，但是3年后，他成功研制出具有强耐候性的经典瓦片，销售量由此显著提升。作为一个横向思维者，"在竞争中领先一步"是布吕尔一直以来的信念，也是公司成功的驱动力。正因如此，许多同事和朋友都亲切地称他为"整个黑森林的古斯塔夫"。他们非常钦佩布吕尔的天赋，他总是有能力将合适的人聚在一起，然后不断激励他们坚持不懈地追求成功。

2000年伊始，唐古拉中总能听到强烈的反对声音。管理层和员工都公开反对布吕尔企图进军东欧市场的计划，他们对他"异想天开"的新计划一点都不赞成。随后，波兰市场崩溃，新计划流产，位于捷克和德国图林根州的生产不得不终止。

面对这一困境，布吕尔会如何做呢？他和公司管理层以及员工一起成功冲出危机，将目光转向印度，把那里变成了他们即将征服的下一个市场。3年后，唐古拉成功在印度喀拉拉邦建立起一个生产基地，该邦位于沿阿拉伯海延伸将近600千米的热带马拉巴尔海岸。从此，唐古拉夺得了印度市场9%的份额，并且这个份额在不断上升。

唐古拉之所以能成为黑森州地区的佼佼者，成为求职者心目中的最佳雇主，领导者敢于决策、不断改进销售渠道、培养年轻的后备军以及敢于开拓互联网新时代只是其中一部分原因。最近几年，为了追随时代变化的脚步，唐古拉的一些员工也随之开始接受新的工作方式，比如更加灵活的工作时间以及临时性居家办公等。

公司的IT人员开始尝试Scrum[1]这样的敏捷项目管理方法，还邀请客户参与公司非常有创意的设计思维研讨会。虽然布吕尔参加行业专业协会的活动时总会遇到对数字化和工业4.0[2]没有信心的同行，但是这丝毫不会动摇他将公司转向现代化的决心。每当别人问及他对数字化和工业4.0的看法时，他都自信满满地回答："数字化是什么？我们一定能成功掌握它。"

在一次行业活动日上，布吕尔与一位前董事会成员促膝长谈，大受启发，过后立马要求他的管理团队紧抓时势，思考如何让公司顺应时代潮流，不断向前发展。

---

[1] Scrum是迭代式增量软件开发过程，通常用于敏捷软件开始。——编者注
[2] 按照共识，工业4.0是利用信息化技术促进产业变革的"第四次工业革命"，该词语最早出现在德国，是德国《高技术战略2020》十大未来项目之一。——编者注

企业管理委员会的建议

紧张又令人期待的一天终于到来。这天，布吕尔像往常一样走进公司大楼，前台负责接待的女士热情地向他问好，并告诉他："会议安排在您的办公室，各部门负责人都已经到了。"

"咚咚咚"，布吕尔敲了敲办公室门，打开一个门缝探头进去。办公室里，管理委员会的6位主管围坐在大会议桌旁，有说有笑地聊着天，看上去大家心情很好，他们非常开心再次见到布吕尔。办公室尽头的大椅子空着，正等待着他。

管理委员会的方案——"全球领先的屋顶"

布吕尔随意地扫视了一下，与在场的每个人握手致意。他和总经理史蒂芬·霍夫曼简单交谈一番后，开始讲述他在浙江省杭州市与中国企业家的交流成果以及在安徽省宣城市见到的十分惊艳的屋顶设计。

"好了，各位，你们有什么好的想法要跟我说吗？对于德国未来的发展，以及我们如何创新出'全球领先的屋顶'，你们有什么好的见解呢？"

史蒂芬首先开始介绍管理委员会近期的工作。"我们对此做了一些研究，首先对最紧要的问题进行了汇总和分析。"布吕尔略显惊讶，因为他对于开这次会议原本并不抱任何期望。紧接着生产部经理丹尼尔·雷施开始分析亚洲市场的潜在机遇和风险挑战。之后，研发部经理海因茨·凯因茨鲍尔博士展示了他的团队针对新型瓦片防水涂料的中期研究成果——使用这种防水涂料，安装屋顶瓦片时无须停工等待基底干透，就可以直接安装。这一研究成果非常了不起。

尽管这些负责人轮流发言，贡献了很多有趣的想法，布吕尔却感到不安。现在轮到佩尔·奥利弗·詹森了，他是IT部门的负责人，他认为唐古拉不用再为了争取谷歌采光屋顶项目（Google Sunroof①）而绞尽脑汁了，因为谷歌已经借助一家大型能源供应商找到了合适的合作伙伴。每个参会人都清楚记得这家科技巨头公司与德国能源供应商的合作，对他们即将在意大利启动该项目的计划也感到非常高兴。这让布吕尔有点紧张。

人力资源部经理塔雅·施密特米勒向布吕尔报告了上个月举办的创意竞赛，通过这场竞赛，他们得到了许多针对公司各个领域的建议。塔雅指出，尽管目前办公室旁边新开辟出的"创意室"利用率还不高，但是她相信通过为公司的各部门经理和员工举办多种多样的创意培训，这种状况完全可以改变。

紧接着到了创新部经理斯文贾·伊勒特，她带来一项开创性的研究——"铝制材料在未来如何提高屋顶的抗暴性"，这是一项与德国工商会专业协会一起合作建立的研究项目。最后，她总结道："在与专家进行深入交流后，我们相信，这种高质量产品会焕发无穷光彩，在市场上占有一席之地。"

创新环节薄弱——创始人开启创新时代

会议开到这里，所有人都开始鼓掌，唯独布吕尔陷在椅子里，感到很失望。很快，总经理史蒂芬率先察觉到了异常——布吕尔一直只是听却不发言，似乎不太高兴。布吕尔调整好心情，开始讲话：

"各位，说实话！我对你们今天的发言感到惊讶、失望。几个月前，我把这项任务交给你们，希望你们能找到公司未来发展的新方向，但是

---

① Google 在 2015 年推出了一项名为"采光屋顶"（Project Sunroof）的项目，利用 Google 地图数据来评估美国屋顶的节能潜能，使房主更好地了解他们是否应该安装太阳能电池板。——译者注

今天我所听到的，全都是在说我们的公司没有未来，因为我们没有创新能力！"

布吕尔深吸一口气，缓缓精神继续说道："到目前为止，公司营收主要靠烧土制瓦，其次就是公司的钢结构建筑产品和工程技术。那将来呢？将来我们拿什么挣钱？是，没错，我们一直在生产屋顶瓦片，但是我要你们思考未来的发展时，并不只是指铝制材料如何创新。那家与谷歌公司合作的德国公司多年来一直领先我们，你们为什么要为他们之间的合作如此开心？你们搞研发时难道只关注防水涂料的防水程度如何从95%提升到97%这些细节？像你们所说，尽管亚洲市场潜力最大，但由于某些原因，并不适合我们公司对其进行开发，以及中国的公司如今哪些核心业务已经领先我们，这些我早就知道了！"

传统工艺已经过时，数据化生产才是未来

稍稍停顿后，布吕尔继续说道："你们是完全看不到这个时代技术的发展吗？你们难道没有听说过，数据才是我们这个时代最重要的'原材料'吗？有一个叫DowadoX[①]的平台，你们知道吗？它是专门为预制房屋提供完整屋顶和相关服务的供应商。还有新成立的下一个屋顶（next2roof）公司你们了解过吗？为什么这些你们都不知道？"

布吕尔看到大家非常不解，解释道："即便是在未来，大家也需要房子，需要屋顶！你说他们需不需要屋顶瓦片？近些年，虽然你们做了很多事情，却没有哪件能帮助公司在未来的发展中增加营业额。创意不会出现在你总是关注的地方，尤其是你日复一日努力做到更好的地方。我感觉自己的经历就

---

① 作者虚构。——编者注

像乘坐"泰坦尼克"号航行一样，虽然我没去参观歌舞升平的大厅，没有去听乐队动人的演奏，但是这次航行却使我受益匪浅，我遇到了勇敢的企业家、勇敢的企业，他们都是敢于迈出舒适区探索的实干家，不像我们总是躺在软椅里空想。"

布吕尔又深吸一口气，从椅子上缓缓起身，俯身将双臂撑在沉重的会议桌上，站着继续说："现在的局面机遇与挑战并存！我们要继续书写唐古拉成功的故事，那么我们就要一起努力。虽然你们刚刚的发言很好，但是经验已经不能继续帮助我们了！从现在开始，我们要走出去，走进外面的世界，从新视角重新思考公司的发展问题！"

说完，布吕尔就离开了。留下了面面相觑的管理委员会的主管们，大家都不约而同地看向史蒂芬，显然他也很不高兴，还在琢磨布吕尔刚刚的话。"这个老家伙，根本就是胡说八道！"斯文贾愤愤道。"好了！"史蒂芬终于开口，"大家要保持冷静，布吕尔先生大家还不清楚吗？也许明天事情就会发生新变化。"

"走出去"——交给管理委员会的任务

事情的发展似乎与大家预想的不同，到了第二天早上，布吕尔似乎没有改变想法的意思。当天晚上，大家收到了布吕尔先生私人助理维斯（Weiβ）女士的短信：

冯·布吕尔先生邀请您参加管理委员会特别会议：
时间：明天上午9点
地点：大会议室

内容：唐古拉公司未来发展问题

会议发起人：古斯塔夫·冯·布吕尔

第二天早上不到9点，6位管理委员会的主管就到了会议室，他们喝着咖啡等待布吕尔的到来，毕竟，没人愿意迟到或者错过会议。大家既好奇又兴奋，虽然已经知道布吕尔开会的目的是什么，但是经过之前的会议以及维斯女士的会议通知，大家都不知道这次会议究竟会发生些什么。布吕尔到底有什么打算？就连总经理史蒂芬也拿不准。

已经9点05分了，布吕尔还是没出现，这时，门突然开了，秘书处的维斯手里拿着一个银色托盘走进来。托盘里是一个白色的信封，盖着红色封条。"这是干什么？"塔雅一脸疑惑。维斯女士面带微笑走到史蒂芬面前，将托盘递给他，请他打开信封。史蒂芬拆开封条，拿出信，开始大声读：

致管理委员会的信

尊敬的唐古拉股份公司管理委员会！

正如你们昨天看到的，对你们之前提出的关于公司未来发展的建议和方案我并不满意。

显然，公司不能按照这个方向发展。所以今天，我想对你们提出一个要求：离开公司，出去走走。正如史蒂芬·布兰克所说："公司大楼里没有真相，真相得去外面找！"我希望你们带着好奇、开放的心态出发，找到问题的答案。其他公司是如何让自己的发展面向未来的？听起来可能有点抽象，简单来说，就是寻找真正的、有价值的创新基因！

我们的公司显然缺乏创新基因。就像卡尔·本茨（Carl Benz）、维尔纳·冯·西门子（Werner von Siemens）和奥古斯特·罗伯特·博世（August Robert Bosch）一样，祖辈开基立业，现在需要我们革故鼎新了。这就是为什么我希望你们走出公司，亲自去那些创新热土感受一番的原因。另外，还有一件事我要强调一下：我要的不仅仅是创新基因，我还需要你们环顾四周，观察那些创新基因所在的环境，找到阻碍创新基因发挥作用的"免疫系统"。我要你们去思考，公司里的哪些因素会阻碍创新发展。真的存在阻碍创新的"免疫系统"吗？为什么明明有了好的创意，却无法成功，个中缘由是什么？我非常希望这次旅行能激发出你们卓越的洞察力！

短暂停顿后，史蒂芬强忍着不满继续读：

为管理委员会制订的游学计划

接下来是我为各位制订的旅行计划：

1. 斯文贾·伊勒特和丹尼尔·雷施：MetaFinance 公司，这是位于慕尼黑地区的一家中型咨询公司，该公司革新运营结构，采用了全球性保险集团的企业运营结构。

2. 塔雅·施密特米勒和史蒂芬·霍夫曼：在纽伦堡一起研究 JOSEPHS®[1]，这是弗劳恩霍夫研究所和埃尔朗根－纽伦堡大学的创新实验室。

3. 海因茨·凯因茨鲍尔博士和佩尔－奥利弗·詹森：去柏林研究"创新实验坊"，这是一个为中小企业发展数字创新的系统。

4. 如果你们在柏林，请顺路去看看 Hubraum[2]，它是初创企业德国电信的创新中心。

---

[1] JOSEPHS，位于德国纽伦堡的开放式创新实验室。——编者注
[2] Hubraum，位于德国柏林的共用工作空间，是德国电信的技术孵化器。——编者注

5. 斯文贾·伊勒特和丹尼尔·雷施，你们还得去瑞士的圣加仑看看生产助听器的著名品牌公司 WIDMED，该公司采用了全新的组织形式，让整个公司的运行更加灵活。

6. 接下来，你们要去奥地利林茨的 Tabakfabrik，位于那里的城中心，是一个精心策划建立的创新中心，这个创新中心运作模式像一个多方合作的公司。

7. 海因茨·凯因茨鲍尔博士和塔雅·施密特米勒还需要去一趟瑞士的制表之城比尔，去了解为什么瑞士电信公司如此擅长公司合作和建立工作室。

8. 最后一天，你们在柏林碰面，一起探讨国际科技巨头 AWS（亚马逊云科技）是如何创新的。

以上是我为大家制订的 8 个游学计划，旅行地点分别有德国、奥地利和瑞士，相信这 8 个创新实践计划对于大家来说足够了。在此之后，我建议举办一个联合评估研讨会，我已经预订了柏林的 SAP AppHaus[①]。

好了，目前就是这些。我的助理将全力支持你们的旅行计划。现在，请你们上路、奋斗吧，尽可能多地去探索你们能挖掘到的创新基因！在唐古拉走向未来的路上，你们每个人都是不可或缺的一份子。需要注意的是：不要试图去评判或评价你们所看到的东西，用你们的好奇心和公正的心态去看待那些创新基因，这样你们才能深入到那些创新基因生存的环境中，找到狡猾的"免疫系统"并剖析清楚它的免疫原理。

[①] SAP AppHaus 是一个"面向客户"的协同创新空间，在该空间中，客户、SAP 和最终用户将人与他们的经验放在首位，共同在项目上进行合作。——译者注

祝好！

古斯塔夫·冯·布吕尔

当史蒂芬读完，在座的各位都一脸惊讶，他们没想到布吕尔会做出这样的决定。他们这才意识到，布吕尔这次是真的要好好对待唐古拉的未来了。

03

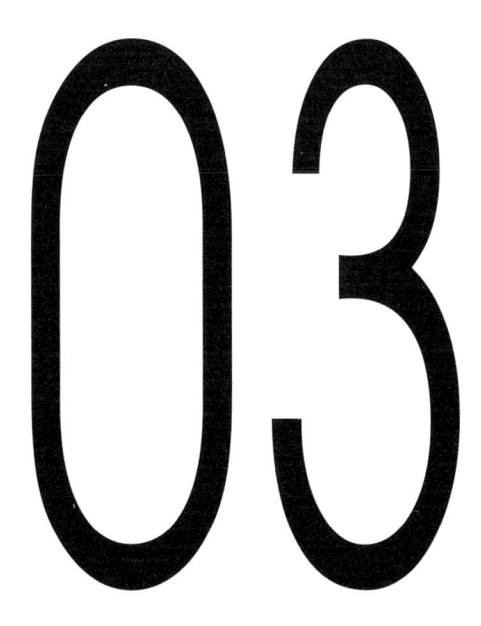

探索创新基因
及其免疫系统

创新基因——老板信中的关键词

唐古拉股份公司顶层的会议室里一片寂静。管理委员会的 6 位主管不知所措地互相看来看去。"布吕尔的意思是让我们离开公司,去外面转一圈,是这个意思吧?"塔雅用自己的话复述了一下刚刚听到的,她很不高兴,伸手去拿躺在桌子中央的信。她想亲自确认一下布吕尔到底是不是这个意思。

她喃喃读到:"我们的公司显然缺乏创新基因。就像卡尔·本茨、维尔纳·冯·西门子和奥古斯特·罗伯特·博世一样,祖辈开基立业,现在需要我们革故鼎新了。这就是为什么我希望你们走出公司,亲自去那些创新热土感受一番的原……他这么说是什么意思?"塔雅抬头问大家,"基因?基因!我们该去哪里寻找它呢?我既不是研究人员,也对'奋斗'没兴趣,就算我不知道这一切是怎么回事又怎么样。"情绪激动导致她语速飞快。

海因茨接着说:"我想,我们必须得找一位专家来才行!"海因茨觉得需要专家的帮助他才能正确理解布吕尔的意思。"塔雅,你的公公不是在苏黎世联邦理工学院研究生物医学吗?""是的,没错!"塔雅回答,"他是医学博士,最近还凭借一场免疫学发展史的讲座拿了奖!"海因茨兴奋地叫道:"他就是我们现在需要的人!也许他能够给我们解释一下,基因是如何发挥作用的?"

说干就干!管理委员会的这 6 位主管聚在一起进行了简单的头脑风暴后,塔雅拿起电话拨给公公于尔根(Jürgen)。

什么是基因

在塔雅简要描述了他们的问题后，于尔根深吸一口气，开始解释："遗传学，即遗传研究，是一门较为年轻的学科。1865 年，奥古斯丁修道院的修士格雷戈尔·约翰·孟德尔（Gregor Johann Mendel）提出了孟德尔定律，奠定了现代遗传学的基石——这你们在学校时就应该学到过。"斯文贾问："这不是杂交学的理论吗？"

"是的，没错！"于尔根继续说，"孟德尔在修道院用豌豆进行的杂交实验，产生了孟德尔遗传学的三大基本定律。这些定律在今天仍然有效，它的意义在于，人们可以通过孟德尔定律了解基因是如何组成、重组的。"

"或者说，基因如何被重新设计，这不就是今天我们疑惑的地方嘛！"斯文贾在塔雅耳边轻声嘟囔。

于尔根继续说道："仅仅 4 年后，也就是 1869 年，人们首次在鱼的精子中发现了 DNA 的组成成分，也就是所谓的核酸——脱氧核糖核酸，英文叫 DeoxyriboNucleic Acid，简称 DNA。之后，1888 年，科学家首次在人类细胞中发现了染色体。这一发现是一个重大突破，标志着孟德尔定律真正作为遗传学的一部分被固定下来，它的重要性远远超出科学界的想象。1909 年，一位叫做阿奇博尔德·加洛德（Achibald Garrod）的医生提出了有些疾病具有家族遗传性，比如色盲。"

"等等，于尔根博士，"丹尼尔打断了他，"请问，布吕尔说的创新基因是什么？跟公司有什么关系？创新基因是否也可以通过某种方式遗传？还是说创新基因能以某种方式改变其功能？"

"这个问题我们一会再谈。"于尔根淡定地说，"我们首先还是要回到基因历史这个问题上来。加洛德最终找到了疾病和孟德尔遗传定律之间的联系。但是遗传的载体是什么，是否只能通过人为培育才能改变？这些仍旧是未解之谜。直到 1903 年，美国生物学家沃尔特·S. 萨顿（Walter S. Sutton）提出了染色体对是遗传的载体时，这个问题才被解答。针对果蝇的开创性研究表明，基因负责生物体遗传。1933 年，托马斯·亨特·摩尔根（Thomas Hunt Morgan）[①] 由于发现染色体在遗传中的作用，赢得了诺贝尔生理学及医学奖。"

形象的比喻——工作原则就是公司的"基因"

丹尼尔又问了一遍他刚刚的问题："还挺有趣……但是公司的'基因'是什么？有什么形象的比喻可以让我们快速理解它吗？唐古拉是由什么基因组成的？"

众人都沉默了。突然，塔雅开口："公司的基因不就是我们平时工作需要遵循的指导原则吗？那是不是就是说，那些公开的、可见的原则和隐形的、不可见的原则都是公司的基因？"大家的目光又齐齐看向桌子中间的手机，于尔根顿了一会儿说，"是的！某种程度上可以这么说。"

丹尼尔想要理解得更加精确："等等，是不是说，公司基因就是公司的规章制度。""是，但也不完全是。"塔雅回答他，"一家企业的基因应该是它的企业文化，是公司里所有人遵循的那些成文的、不成文的原则的总和，也包括员工工作的方式方法。换句话说，就是指导我们行为的一切价值观。"

史蒂芬有点烦躁了，不耐烦地说："我们公司哪有价值观！我们还是言归正传吧。"

[①] 托马斯·亨特·摩尔根（Thomas Hunt Morgan，1866—1945）是美国进化生物学家、遗传学家和胚胎学家。发现了染色体的遗传机制，创立染色体遗传理论，是现代实验生物学奠基人。——译者注

> **公司的原则和基因——公司成长的基本准则**
>
> 　　工作原则构成员工工作的基本方法，就如同 DNA 是细胞形成、生长需要遵循的准则，而细胞的形状、大小、内部的结构等取决于许多因素。企业也是如此：一家企业的工作原则可以根据实际情况灵活调整、重塑。原则高于规则，规则是基于原则产生的，这种关系就像宪法和法律的关系。
>
> 　　总的来说，我们可以这样理解：原则是事物发生、发展的基本准则。人类生长的基本准则就是基因，DNA 指导人类生长、发展的总体方向，就像是旅行中的旅行手册。这就是对基因的解释。

"灵活的组织总需要重新设计制订某些原则，"斯文贾说。"确实是这样，"史蒂芬提高了声音，"看来我们目前所做的准备是正确的。企业原则就像基因，它可以存储、携带信息，这些信息指导企业如何'繁殖'出'新组织''新器官'。"

史蒂芬继续说："有一点是确定的——DNA 是信息的核心来源，从生物学角度上来说，细胞就是依靠它形成的。但是公司不只是由细胞构成，而是由人构成……或者说，由人头脑中的想法或者由人的观念构成。"

"有时，一些人也会把这些搞混，直接当成一件事。此时，就会发生'基因突变'。"佩尔补充说。

此时，于尔根博士说："基因如何和企业类比，我也没有准确的定义，我只知道生物学上基因是怎么回事。我现在接着讲基因的故事，在托马斯·摩尔根获得诺贝尔奖后，遗传学迅速发展。1953 年，詹姆斯·沃森（James Watson）和弗朗西斯·克里克（Francis Crick）发现了 DNA 双螺旋结构，这就是螺旋形楼梯的创意来源，他们因此获得诺贝尔奖。这些就是关于基因的故事，希望你们能成功探索出企业创新基因，不要被我刚刚讲的内容搞晕！"

塔雅对于尔根博士表示了由衷的感谢并结束了通话。"好了，我们现在对创新基因都有什么想法？"她边问边拿出挂图记录下第一个要点：

遗传和企业类比

- 公司的 DNA → 公司发展基本准则和信息获取来源，DNA 从根本上决定公司的结构和运作。
- 企业基因→ 一切指导原则和基本方法。
- 创新基因→ 所有有利于发展创新的因素，即可以促进企业创新的指导原则和基本方法。

免疫"管弦乐队"

史蒂芬满意地看着挂图，总结道："好，关于什么是基因这个问题，目前应该是解决了！"塔雅再次拿起布吕尔的信，继续读，读着读着又不明白了：

> 另外，还有一件事我要强调一下：我要的不仅仅是创新基因，我还需要你们环顾四周，观察那些创新基因所在的环境，找到阻碍创新基因发挥作用的"免疫系统"。我要你们去思考，公司里的哪些因素会阻碍创新发展。真的存在阻碍创新的"免疫系统"吗？

她伸手去拿手机，再次给于尔根拨了过去。"博士，还是我。请问您有时间再回答我一个问题吗？我想问问您，什么是免疫系统？"她问道。

于尔根解释说："免疫系统是机体的生物防御系统。你们如果会讲拉丁语，就会知道，'immunis'在拉丁语中的意思就是'未接触过的、自由的、纯粹的'。我们身体中的免疫系统能够清除侵入身体的微生物和其他外来物，也能清除掉身体中的残缺细胞。它是一个复杂的防御网，对身体中的各个器官、细胞和分子都能发挥作用。因此，免疫系统是免疫学的核心研究对象。"

"就这些？"塔雅惊讶地问。

具有先天排异性的防御机制——组织的非特异性免疫系统

于尔根补充道："说实话，免疫系统的实际情况要比我说的复杂得多。事实上，免疫系统有两种：一种是非特异性免疫系统，它是先天的；另一种是特异性免疫系统，它是后天的，具有适应性，是机体在成长过程中逐渐习得的。机体复杂的免疫反应就是通过这两种免疫防御系统相互协调实现的。"

这让斯文贾想起了前不久在机场读过的一本有关人类免疫系统的书。题目很吸引人：《优雅的守卫者》（*An Elegant Defense: The Extraordinary New Science of the Immune System*），作者是马特·里克特（Matt Richtel）。书中提到，想要影响免疫系统发挥作用，就需要一个跟免疫系统一样"狡猾"的系统对其产生影响。

"想要改变一个系统，就需要另一个系统作用于它！"她喃喃说道，继续听于尔根讲。

"非特异性免疫系统不是针对特定病原体的，它会防御所有侵入机体的外来物。该防御系统包括充当酸性保护膜的皮肤、纤毛、黏膜、胃酸、唾液、泪液、肠道菌群以及不同种类的白细胞，白细胞也叫白血球，它们是机体的吞噬细胞①、肥大细胞②和杀伤细胞③，当机体有异物侵入时，它们就会扑过去消灭它。"

"这么说，免疫系统就像一个完整的管弦乐队，每个乐手各司其职，简直太不可思议了！"史蒂芬惊讶地说，"我们唐古拉也确实存在这种情况。"斯文贾从同事的发言中获得启发，想起一些事情，说："是呀，我们一直不都是这样做的吗？我也经常能在公司里听到非特异性免疫的事情，这些非特异性免疫几乎都是自发的，比如办公室重新布局、新的营销概念、不同的生产方法等。"其他同事若有所思地点点头。

塔雅也想到了一个比喻，"当非特异性免疫开始发挥作用时，组织的应答反应就会开启。体现在企业管理中，这种应答反应体现为三种形式——对抗、忽视、遏制。在唐古拉，一般体现为第二种——忽视，对新变革极尽讽刺和挖苦。"

后天习得的防御机制——组织的特异性免疫系统

"那么，特异性免疫系统又是怎么回事呢？它是由什么构成的？"丹尼尔追问道。一直在这个领域深耕的于尔根教授对于这样的问题并没有表现出不耐烦，而是耐心地继续解释："当机体的非特异性免疫失效时，特异性免疫就会启动，特异性免疫是机体后天习得的，具有适应性。当病原体成功突

---

① 通常将体内具有吞噬功能的一群细胞称为吞噬细胞，主要包括单核吞噬细胞系统和中性粒细胞。——译者注
② 肥大细胞广泛分布于皮肤及内脏黏膜下的微血管周围，能分泌多种细胞因子，参与免疫调节（TB细胞，APC细胞活化），具有弱吞噬功能。——译者注
③ 杀伤细胞是表面具有IgG的Fc受体，当靶器官细胞与相应的IgG结合，可与结合在靶细胞上的IgG的Fc结合，从而使自身活化，释放细胞毒素，裂解靶细胞的一种细胞。——译者注

破皮肤屏障，并且没有被吞噬细胞识别时，病原体就会借助淋巴液流动到淋巴器官。这里有T淋巴细胞[①]、B淋巴细胞[②]和吞噬细胞。在淋巴结中，病原体激活了T淋巴细胞，T淋巴细胞会分裂成辅助性T淋巴细胞和细胞毒性T淋巴细胞。细胞毒性T淋巴细胞可以识别病变细胞的表面结构，之后细胞毒性T淋巴细胞表面的受体会与病变细胞表面结合，通过分泌穿孔素使病变细胞穿孔，启动程序性细胞死亡（细胞凋亡）。同时，辅助性T淋巴细胞增殖并释放分泌干扰素、白细胞介素等细胞因子，使防御系统处于警戒状态。此时，一些辅助性T淋巴细胞会分裂成T记忆细胞，它会一直记住该病原体。当发生同一病原体感染时，T记忆细胞会快速反应，机体可以更快做出免疫应答。"

"啊，最后两句才是问题的关键。"史蒂芬指出，"现在我知道为什么新的创新形式和灵活的创新方法一般不会有第二次机会了。因为特异性免疫有记忆功能，员工和管理人员早就知道它会导致什么后果，所以坚决不会再给它第二次'入侵'的机会。"

企业对创新免疫功能过强——组织的过敏反应

于尔根进一步解释："机体对外界侵入的物质表现出的反应有时会过强。过度激活肥大细胞会导致过敏反应，如花粉过敏。这是因为信号传递分子（如组胺）被过度释放，导致相关细胞被过度激活，这些细胞的过度反应会影响整个机体，进而出现严重的过敏症状，甚至会出现过敏性休克。"

斯文贾听明白了，他说："没错，对外界反应过于灵敏就会演变成过敏反应，企业对创新的过敏反应其实类似于花粉过敏，来得快，去得也快。唐

[①] 简称T细胞，是淋巴细胞的主要成分，是身体中抵抗疾病、感染、肿瘤形成的斗士。
[②] 简称B细胞，来源于骨髓的多能干细胞，主要执行机体的体液免疫。

古拉有时会对创新反应出过度的防御性，就好像一旦接受新的创意就会发生严重后果一样，其实根本没有想象的那么严重。"

管理层缺乏勇气和魄力——组织的自身免疫病

于尔根越讲越兴奋："是这样！机体的免疫机制经常不能正常运行，除了过敏反应，还会引发自身免疫病。自身免疫病就是指免疫系统反应过强时，会攻击自身结构……啊，不好意思，我还有事，必须得结束了。""太感谢您了，于尔根博士，您简直帮了我们大忙。"塔雅感激地向她的公公告别。

"喏，听起来也没有那么危险……但是我一想到我们每天都得填写那些质控表、报告表，还有走各种申请、审批程序以及递交差旅费报告，开展正常工作都成问题，更别提创新了，这简直就是一个恶性循环！"丹尼尔有点沮丧。海因茨也说："是啊，公司里的行政程序已经把我们的手脚捆住，动弹不得了。"

"而且，公司里许多人都缺乏决策魄力，不敢承担团队责任。"塔雅补充道，"未来几年，如果再没有好的决策，我们的好日子怕是就要没了。"丹尼尔听到这里立马说："是啊是啊，如果给公司注入健康的创新基因，那样的局面就不会发生了。"然后他拿起挂图开始补充：

企业免疫系统

- 免疫系统→保护企业组织，稳定核心业务。
- 非特异性免疫系统→先天排异性，所有公司都有这个问题。
- 特异性免疫系统→后天习得，每个公司的情况都不同。
- 过敏反应→反应过强，历时短。
- 自身免疫病→攻击系统自身，通常是慢性的。

斯文贾开始总结:"我们只有对任务的理解一致,才能在接下来的旅行中充分观察。"大家都表示同意。大家把刚刚讨论的心得体会认真记录下来,作为接下来旅行要探寻的目标。

04

**前往 8 个创新热土
探索学习**

敢想敢做、绝不后退——MetaFinance

> **实地考察 MetaFinance 的现实发展情况**
> - 公司：实地考察→ https://metafinanz.de
> - 人员：匿名采访所有员工，CEO 面对面采访
> - 地点：实地考察→慕尼黑
> - 内容：创新的关键问题

传统模式逐渐落后——公司前期的问题

7月的一个夏日，唐古拉管理委员会的两位成员——生产部经理丹尼尔·雷施和创新部经理斯文贾·伊勒特顺利抵达慕尼黑，他们正搭乘地铁前往 MetaFinance 公司所在的施瓦本莱奥波德大街。他们给 MetaFinance 公司"商业特派代表"罗曼·菲诗（Roman Fesch）打去第一通电话，得知作为一家信息技术和商业咨询公司，他们也面临着和许多组织一样的挑战：在进入市场近 30 年后，这个按照传统模式经营的公司已经成功建立起自己的地位。公司生意兴隆，也在成长。但正是由于订单不断增多，公司体量越来越大，原本的管理效能越来越显得低下。客户不断提出新要求，技术随时可能跟不上。等待不是解决问题的办法，于是，2016 年，MetaFinance 公司的董事会和高级管理人员决定进行一场变革，让传统的管理模式更加灵活。

对于来自黑森林地区唐古拉公司的两位研究者来说，这一想法听起来太大胆、太冒险——毕竟这家公司员工人数超过 750 名，以欧元计算，营业额近 3 位数，是一家业务遍及全球的保险集团的全资子公司。

现在，斯文贾和丹尼尔站在 meta（这是 MetaFinance 员工对公司的昵称）宏伟的公司大楼前，两人都对这家公司过去几年敢做传统管理模式改革先锋的勇气敬佩有加，也对他们亲自试验敏捷管理模式的坎坷经历十分感兴趣。斯文贾自言自语："真想知道这个玻璃建筑背后隐藏着怎样的创新激情。"

传统模式改革之旅——开弓没有回头箭

负责接待的工作人员热情地接待了他们，把他们带到公司的咖啡区，这个咖啡区位于一楼，是一个面积很大、开放的空间，摆放着各式各样的座椅。三台咖啡机嗡嗡作响，散发着淡淡的清香，为员工免费提供咖啡。咖啡区的一侧，几个员工拿着笔记本电脑专注地工作，看上去非常享受这样舒适的工作氛围。咖啡区的另一侧用窗帘隔开，听上去有点嘈杂。原来那里是一个讨论区，一大群员工在那里激烈地讨论着什么。整个咖啡区的装饰都以开放、透明为宗旨，极简主义的设计让这里的每个员工都感到十分放松，在这里，他们可以大胆交流、互动。

在一间玻璃会议室里，首席执行官莱纳·戈特曼（Rainer Göttmann）、部门主管马丁·伊士曼（Martin Eschmann）以及两个生产线员工罗曼·菲诗（Roman Fesch）、莫娜·斯维奇（Mona Sywitch）早早就到了，他们在等待今天的客人。但是，不管是首席执行官，还是部门主管、生产线的员工，恐怕在他们的职衔前面加个"前"更合适，因为他们的职位很灵活，丹尼尔和斯文贾没多久就明白了这样做的好处是什么。

东道主非常平易近人，开始给两位远道而来的客人介绍他们的公司，他们准备了 4 张幻灯片，每一张都简洁凝练。

"几年前，我们公司开始进行改革，将传统的管理模式转变为更灵活的模式，这次改革对于我们来说是一场冒险，需要勇气，因为开弓就没有回头箭。"首席执行官莱纳·戈特曼缓缓开口道，"其中，最重要的一部分就是权力下移，去等级化，并且将原本的 10 条核心业务线交给如今的 50 多个业务区管理。我们希望，通过将业务分散给具体的业务区，能让我们的产品更加贴近顾客需求。因此，我们大胆尝试，将 10 条核心业务线分散成数十个业务区，将它们连成一个业务网。"

改革面向全体部门——要实现部门自治

为了支持业务区的发展，所有不跟客户直接接触的组织部门都进行了大刀阔斧的改革。"以往的一切都被颠覆，公司战略、组织结构、工作流程、团队领导、管理工具、企业文化，等等。"部门负责人马丁兴致勃勃地补充道。他走向白板，把这 6 个关键词写了上去（见图 4-1）。

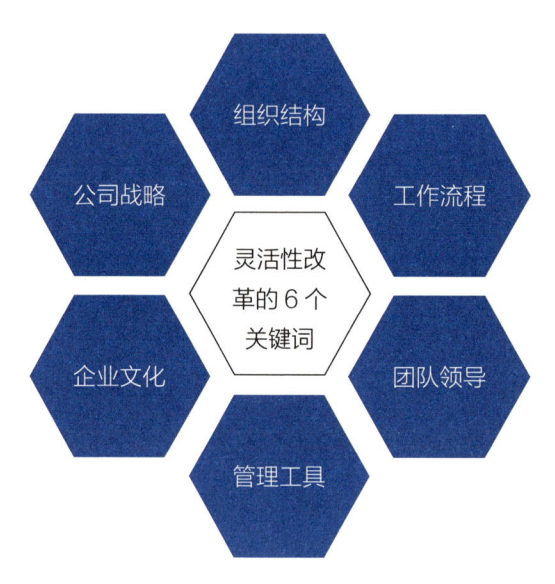

图 4-1 metafinanz 灵活性改革的 6 个关键词

唐古拉的两位代表很快就明白了，这家公司对待改革的态度非常严肃、认真。他们不仅在实施层面开展灵活性改革，在其他各个层面也进行了全方位的改革。生产线工人罗曼这样总结他们的改革："公司现在所有的业务区都可以自行组织管理，像一个个单独的家庭一样，但是大家的目标一致，都是为了公司的发展壮大。"

搭建核心管理团队——团队管理靠自己

这家公司在改革时的一大亮点是，他们并没有寻求外部管理咨询公司的帮助，整个改革过程全靠公司自己的管理团队。生产线员工莫娜说："咖啡区窗帘后的喧嚣就是奥秘所在——那就是公司的'核心团队'，该团队每半年就会调整人员，团队成员从各个部门抽调。他们的工作就是处理业务区如何与其他部门协调的问题。因为他们都是公司的员工，只不过不在同一个部门，搭建这样的团队给了他们跨部门沟通的机会。部门间的协调对公司发展很重要，只有各部门协调一致，才能齐心协力面对组织和市场出现的新挑战。"

"想要工作组织起来更加灵活，就要注重协调，"罗曼看看莫娜，继续说，"以前工作，在别人没做出决定之前我只能等着，但是现在不一样了，我可以自己准备需要的东西，并与同事协商。有一个能够结构化、公开化地交流问题的团队非常重要，这个团队承担着各个部门之间传声筒的作用，可以保障各部门工作顺畅进行。因此，这个核心团队发挥着不可替代的作用。每个人都把各自部门关心的问题拿出来公开讨论，然后一起解决问题。"

重新定义领导角色——灵活改革第一步

"听上去确实很好，"斯文贾说，"但是谁来管理这个团队呢？"首席执行官莱纳眨了眨眼睛，回答道："领导力问题的确也是灵活性改革的重要议题，一个团队无人领导是不行的。对此，我们采取的方式有些不同。"

马丁紧接着说："以前，作为部门主管，我发布命令让下属执行。但是现在我不再是发号施令的领导，而是一个寻找合作伙伴的普通员工，这种转变意味着我要在灵活性改革中重新找到自己的位置和角色，这一点也不容易。最开始，当老板告诉我，他不再需要我当部门主管，而是需要我忘记职位带给我的头衔，通过在团队中承担的一定的任务重新寻找我的位置时，我也非常疑惑。"

说到这里，马丁变得严肃起来，"一方面，一个管理者会不自觉地根据员工人数、项目预算和行政职位来定义自己的角色，如果有一天突然失去了这些权力，他一定会觉得无所适从。我也是如此，后来，员工给我提了很多建议，是他们告诉我，我到底擅长什么，这些建议对我的帮助很大。渐渐地，我开始重新找回我曾热爱的东西。"说完，马丁满足地笑了。

不求完美重在行动——灵活转型第一步

丹尼尔想知道具体的实施办法，他问："你们的计划是怎样实施的呢？公司得以成功转型的秘诀是什么？"

首席执行官微微一笑，说道："嗯，丹尼尔，其实只要有勇气，想法到现实的距离非常短。公司能够改革成功，只不过是我有勇气而已。或者正如尤达在《星球大战》中说的那样，没有所谓的试一试，只有'做'或者'不做'。我的直觉告诉我，我应该从根本上改变一些事情。然后，我恰好拥有行动的勇气，于是，公司在很短的时间内就换了模样。那时的我也不知道应该改什么，什么是适合公司的'新东西'，只好把我的想法告诉了员工，并问他们，'如果公司的工作方式、管理模式更加灵活，你们觉得怎么样？'我的原则很简单，那就是停止不断完善，立马开始行动，在行动中不断改善！灵活性改革是一件长期的事情，没有目的地，只有更好，没有最好！这就是为什么我们现在还在不断调整我们的模式的原因。"

莫娜看了一圈，点点头，说："是的，想要创新，首先需要让自己变得天真！我记得当我们知道公司马上要开始改革时，没一个人知道这真正意味着什么。大家都是后知后觉，随之而来就开始担忧，因为公司还没有建立起新的制度，就立马先淘汰了旧的制度，这让大家很不安。"

罗曼也说："那时，我们听说公司部门要转变成自治管理模式，大家可不都是兴高采烈的。毕竟，尤其对于一些年轻人来说，他们更希望听从上司的命令办事。他们多年来习惯了等级制度和旧制度体系，无法立马就发现'灵活、自由'的伟大。那时，他们内心更加希望继续被老领导管。"

莫娜点点头，她赞同罗曼的话。"事实证明，当时我们对待新事物——MetaFinance 的《改革报告》，有些过于谨慎了。现在看来，这个报告新颖、透明，让每个部门对自己的业务状况都有了更加深入的了解。过去，公司里的一些员工只知道埋头工作，甚至连提供给客户的产品的成本率是多少都不知道。除此之外，这份报告还规定了各部门业务排名规则，比如根据营业额进行部门间排名，这样各部门之间就可以相互竞争，在竞争中相互学习，共同促进公司发展。"

改革就像开荒拓土——前无古人后无来者

罗曼站起来走到一张墙报前，墙报底部有一行大字：想要就去做，不要想那么多（见图 4-2）。

图 4-2 "想要就去做，不要想那么多"——灵活性改革转型不是一条有终点的路

（来源：MetaFinance 信息系统股份有限公司，慕尼黑）

丹尼尔和斯文贾没看明白，但是罗曼却说："我太明白这种感受了，我们也算是过来人了。MetaFinance 很早之前开展了一个试行项目，那时，很

少有同等规模的公司在做，因此我们也无法从外部获得什么经验。"马丁接着说："在我看来，任何事情都得经历几次尝试才能成功，这是必须直面的问题。每个人都得经历这样的过程。"

首席执行官莱纳补充说："而且，只有当新制度真的比旧制度更有意义时，员工才愿意多去尝试直到成功，例如，自主决定工作以及增强员工间沟通互动等！这个问题绝不是自然而然就可以解决的，根据目前的调查，德国有多达70%的雇员不喜欢他们的工作，如果新的工作方式可以扭转这种局面，那我们所做的所有的努力都是值得的。"

改革如同减肥健身——CEO也需要转型

首席执行官沉默了片刻后看了看他的同事们，平静地说："作为一个管理者，无论如何都不能低估个人的改变。即便是我自己，我也从未想过自己需要改变这么多。就拿我的体重来说，要减去12斤需要我的教练花费许多时间才能帮我做到，重新定义我的角色也需要很长的时间。直到最后我才终于意识到，作为首席执行官，对于公司来说我已经不再重要了，因为我无法为公司创造价值了。对于当时的我来说，我更应该做的事情是成为公司与外部世界的桥梁，这才是重要的，因为公司是时候该通过接触外部的新事物来改变自己了。"

对于自己的新角色，莱纳是这么说的："作为公司的最高管理者，我不再是高高在上的领导，而是员工中的一员，以此来给予他们最大限度的自由，让他们尽情发挥自己的才能。我发现，更聪明的领导技巧应该是'给员工话语权'，因为员工有时会有更好的主意。领导不要总说自己很信任员工，说没用，要真的去做，一定要拼命抑制住自己想要'命令和控制'的冲动"。

团队和谐并无用处——发扬批判精神

罗曼接着首席执行官的话继续说:"在这段时间里,我们的员工逐渐摒弃追求和谐,开始发扬批判精神——否则团队自治的意义在哪里呢?我们会组织很多'人际交往活动',看看哪些人在一起能够顺利合作,而哪些人不能。公司专门在咖啡区辟出一个地方给'核心团队'讨论问题,他们的沟通交流为公司带来了很多宝贵的建议,这对公司发展来讲非常重要。虽然过去我们的员工也会进行讨论,但是只是稍微讨论一下就交由上级决定。现在,我们意识到,缩短讨论时间根本无法从根本上解决问题,我们开始带着自己的意见参与讨论,毫无保留地表达自己的想法,并且根据同事抛出的新观点来不断调整自己的立场,最终达成一致。"

转型没有固定套路——只为共同目标

"也就是说,你们公司在灵活性变革中并不遵循一套僵硬的公式,而是采取'条条大路通罗马'的方式,目标是一致的,至于怎么实现目标,则允许不同的团队有不同的方式!"丹尼尔听完总结了一下。

然后他看向斯文贾,说:"但是,所有的尝试都为了一个共同的目标——创造价值。因此,检验一个公司的灵活性改革是否成功时,看看它能否真正为客户带来新价值。我们也应该让唐古拉这么做!"MetaFinance 的四位东道主点点头以示鼓励。

丹尼尔继续说:"更让我满意的是,传统的等级制度并没有完全被废除,反倒是形成了一种'三位一体'的局面——正式的行政结构、非正式的行政结构和价值创造结构,这'三位'各有所长,相互补充。显然,MetaFinance 的专业性就体现在将这三种结构不断调整,让它们永远处于平衡的位置,一起助力公司发展。"

在丹尼尔停顿的时候，罗曼插了一句："的确，想要做成这件事需要很多条件支持，很不容易，但是即便这样我也不愿意回到过去！"首席执行官莱纳、部门主管马丁和生产线员工莫娜纷纷点头。莱纳带着十分肯定的语气说："我相信，在唐古拉，你们也会找到自己的途径去实现新的创新想法。"

就这样，在 MetaFinance 的学习之旅就结束了，在这样一家开创灵活性改革的先锋企业里学习，大家都感到非常充实愉快。

在 MetaFinance 找到的创新基因

面向未来的小飞跃——在第 7 章中，管理委员会成员将一起讨论他们在实地考察时看到的那些创新企业的工作指导原则，并将他们在这次游学中发现的创新基因总结如下（见表 4-1）：

表 4-1 MetaFinance 的创新基因

基因	基因概念＝指导原则
AA—部门内自主与部门间协调	AA 基因（Autonomy and Alignment）指，一个组织要兼容"部门自我管理"和"部门间协调一致"。
AT—适应性转型	AT 基因（Adaptive Transformation）指，一个组织要对内部改革和外部改革的必要性反应灵敏、迅速适应，要第一时间发现组织的改革需求。
BT—基准化、透明化	BT 基因（Benchmarking and Transparency）指，迅速总结成功经验，并模仿之；向一切有关人员提供所有正确的、关键的数据和信息。
CR—敢作敢为、承担风险	CR 基因（Courage and Risk Taking）指，勇敢承担不确定性、模糊性，没有领导的批准和认可也敢于出发；尚无成功经验也敢于开辟新路。
CS—创造空间	CS 基因（Creative Space）指，为创新性思想和实践创造有利环境。
DD—要么行动，要么死亡	DD 基因（Do or Die）指，摒弃不利于价值创造的模式。

续表

基因	基因概念 = 指导原则
EU—忍受不确定性	EU 基因（Endure Uncertainty）指，一个组织想创新、想发展，就要学会长期忍受不确定性，学会合理处理模糊不清的问题。
HL—领导要谦逊	HL 基因（Humble Leadership）指，领导不是超级明星，要谦逊，这样才能与员工建立开放、信任的合作关系。
HT—混合型思维	HT 基因（Hybrid Thinking）指，组织应当允许新旧模式共存，要具体情境具体分析。一个组织应当至少有两种运行模式，可以在"部门内自治—部门间协调"和"传统管理模式—创新管理模式"之间来回切换。
JE—创建集体经验	JE 基因（Joint Experiences）指，组织要创建积极的"共同记忆"，形成强烈的团队意识。
MC—创新热情	MC 基因（Management Commitment）指，管理层的创新性思维和实践会对组织发展创造巨大贡献。
MM—找到意义	MM 基因（MM – Make Meaning）指，组织要从发展目的出发，充分解答"为什么要创新"这个问题，让每个人都理解这么做的好处。
MS—辅助和支持	MS 基因（Mentoring and Sponsoring）指，组织要为创新团队保驾护航，让它免受"免疫系统"的攻击，并防止组织的官僚主义和传统工作流程限制创新团队。
MT—大胆想象	MT 基因（Moonshot Thinking）指，大胆想象！——有意识地常大胆想象，让新想法帮助自己重新思考问题。
PA—热情讨论、彼此适应	PA 基因（Passionate and Adaptable）指，团队间激烈讨论，协调新需求。
PL—过程领导力	PL 基因（Process Leadership）指，建立舒适的工作流程，这个流程中包含所有的决策者和员工。
RM—角色塑造	RM 基因（Role Modelling）指，组织管理者要以身作则，为创新铺平道路。
UC—以用户为中心	UC 基因（User Centricity）指，从用户端获取灵感和反馈，将公司所有的行动都集中于能够产生更多价值的地方。例如，描述用户的深层需求，将其作为今后所有现实问题的起点（"逆向思维"）。

开放式创新实验室——JOSEPHS®

实地考察 JOSEPHS® 的现实发展情况

- 公司：实地考察→https://josephs-innovation.de/wp
- 人员：匿名采访
- 地点：实地考察→纽伦堡
- 内容：对于创新的关键问题

时间不能白花

史蒂芬和塔雅每年都会参加"人才招聘会"。这一次，由工商会专业协会举办的全国招聘会在纽伦堡市中心的一家酒店举办。唐古拉利用这个机会定期考察就业市场，寻找新的人才。

史蒂芬还是压力很大。这几周，作为总经理，他的工作量很大，而且他今早心情也不是特别好。"实际上，每年情况都一样。我们每年都参加这个招聘会到底能有什么用处？"他边吃早餐边抱怨，"如今，社交媒体在吸引年轻人方面不是更有效吗？为什么还要我一整天待在会场里。我希望我在这里花费的一天时间能带来价值！"

创新需要新鲜血液——小型面试带来奇妙体验

人力资源部经理塔雅回答说："我需要提醒你一下去年的情况。你还记不记得你面对数字化的进程汗流浃背、手足无措？年轻一代的世界完全超乎我们的想象，这难道不是你对年轻人最深刻的印象吗？因此，有时我们需要主动进入年轻人的世界，和他们建立联系，了解他们未来会给我们公司带来哪些价值和需求，为了这些，付出一天时间，怎么就没有价值了？"

上午，在和第一个应聘者进行了简短的面谈后，史蒂芬的心情有所好转。这一次，这场招聘会所展现出的活力让他惊讶。他和几个年轻人进行了几次简单的对话，留下了几个对唐古拉感兴趣的人。"今年招聘会的形式与往年不同，我非常喜欢这种'小型面试'。"他临走的时候说。

画廊里的专题研讨会——创新休息室

下午，纽伦堡举行了多场分散的研讨会和分组会（专题研讨会）。史蒂芬和塔雅吃过午饭一起出发，前往分组会。他们步行经过纽伦堡老城区的中世纪城墙和塔楼，来到距离佩格尼茨河仅几米远的JOSEPHS®。史蒂芬说："怎么没有入口呢？只有一个画廊和展厅，难道我们走错地方了？"塔雅走进去，发现里面有很多人。"啊，这么多人啊，那我们应该没有座位了。"塔雅自言自语，正打算转身离开，听到身后有人跟她说话，"你也是来参加分组会的吗？"看塔雅没有回答，他解释说，"是这样的，我看见您手腕上戴着我们活动的蓝色腕带。我们的活动几分钟后就开始，如果需要，您可以把大衣放在衣帽间，然后就可以去第一个专题分会场了。"说完，那个人就走开了。"把研讨会办在画廊里？"史蒂芬将信将疑。

"大家好，我叫伊丽莎白（Elisabeth），欢迎来到第一站。"一位年轻的女士带着史蒂芬和塔雅走进一个明亮的房间，这是一个休息室，摆放着五颜六色的沙发，里面有许多人，正在兴致勃勃地交谈着，"我们现在是来到了一个快闪概念店？[①]"史蒂芬对塔雅低声说。塔雅回答："也许吧。但是我们现在得赶紧去参加我们的专题研讨会了，它究竟在哪里举办？"伊丽莎白笑着说："这就是我们的专题研讨会！这里是'新的工作环境'专题研讨会。你们可以四处参观一下，看看我们的办公用具模型，它们设计非常新颖，也

[①] 快闪店指不在同一地久留、俗称Pop-up shop的品牌店铺，其特点是快速吸引消费者，经营时间短暂，旋即又消失不见。——译者注

很实用。"史蒂芬和塔雅这才注意到这些模型。"我先离开一下。"说完,伊丽莎白就朝门口的三个人挥手走过去。

"这就是我们要参加的专题研讨会?"史蒂芬非常惊讶。塔雅看着天花板上悬挂的黄色霓虹字大声读道:"改变需要开放。"史蒂芬在他面前的黑色办公椅上坐下,心想,"我们究竟来这儿干什么?"史蒂芬愤愤道:"讲座肯定已经结束了!" "讲座?这不就是嘛!你别忘了,我们可是在 JOSEPHS®,这不就是 JOSEPHS® 的风格嘛!"塔雅回答道。史蒂芬不相信地说:"我不知道这都是些什么,反正肯定不是一个招聘会。我来参加这个研讨会是想学到一些东西,但是这里发生的一切我都觉得没什么意义,或许我需要加入他们……"

办公场景切换系统——始于亚洲,发展于纽伦堡

史蒂芬还是有点不开心,于是他开始转动椅子,不断调整椅子,把玩那些办公用品模型。"这太低了,而且架子应该放在左边,怎么能放在右边呢。"他把那个架子推向左边,这时,他看到桌子右下方有一个小小的抽屉,出于好奇,他拉开了抽屉,里面有一些按钮。"这按钮是干吗用的?"他边问塔雅边按下第一排的一个白色按钮,趣事发生了——就像变魔术一样,深灰色的桌面变成了浅白色。"啊,我知道了,这些按钮是控制桌面上的灯光的!"史蒂芬惊喜地大叫。塔雅又按动了旁边的一个按钮,桌面开始缓缓上升。"哇喔,我们现在有了一个高脚桌。"塔雅开心地说。就在这时,休息室的灯光突然变暗,"你干的?"史蒂芬问塔雅,"当然,"塔雅得意地回答,并期待着,看看会有什么事情发生。

"看来你们已经开始探索我们的'工作模式切换系统'(Workshift)了。"伊丽莎白回头看着这两个人。"请允许我再次代表公司表达对你们诚挚的欢迎。非常抱歉,刚刚我没有时间向你们解释这里的一切,因为今天的访客太多了,以前没有这么多人,因为今天举办人才招聘会,一下子来了这么多人,

实在有点分身乏术了。JOSEPHS® 是由弗劳恩霍夫研究所和埃尔朗根·纽伦堡大学联合创办的，公司现在已经发展为有限责任公司，有了更大的发展空间。我们可以为参观者或者公司提供灵活的场所，来开发、尝试新产品、新服务。"

"两位是否已经体验过我们的'办公场景切换系统'？"伊丽莎白指了指打开的抽屉，接着开始解释，"我们用它来模拟 16 个日常办公场景，观察人们如何使用办公室，如何根据使用情况改变办公桌。"这时，塔雅注意到了天花板上的小型摄像机。"没错，"伊丽莎白发现塔雅已经看到了摄像机，接着说道，"这个房间发生的一切都会被这个摄像机拍下来，然后发送到新加坡的设计团队那里，他们用人工智能对影像资料进行分析，获得结论。下一次设计办公桌时，设计团队会根据获得的结论改进办公桌的设计。经过两周的进一步完善，设计团队会把最终的设计数据发送给我们，我们用隔壁FabLab（制造实验室）[①] 里的 3D 打印机将模型打印出来。你们现在看到的这个办公桌是一组设计中的第四个，"伊丽莎白说着指了指入口处的显示屏，"他是我们今天测试 4.0 型办公桌的第 25 位测试者。"史蒂芬惊讶地看向塔雅，"原来如此！"

创新需要客户积极参与——让客户成为生产性消费者[②]

"通过让客户'亲自设计'，我们评估反馈并将资料传递给我们的创新

[①] FabLab（制造实验室的简称）是一个车间和一个实验室，配备有计算机控制的工具，如激光切割机、数控铣床和三维打印机。——译者注

[②] 产消合一者（Prosumer），亦称生产性消费者，是可以自行生产所需商品和劳务的消费者，其结合了专业生产者（Professional or producer）和消费者（Consumer）的角色。1980 年，未来学家艾尔文·托夫勒在《第三波》(The Third Wave) 中创造了该词语，并在 2006 出版的《财富革命》(Revolutionary Wealth) 中更详细地描述各种商品与劳务的产消合一者，预言他们是塑造未来经济的新主角。——译者注

设计团队，这样一来，我们的客户也成了我们的'设计师'和新思想的贡献者。只有真正使用产品和服务的人，提出的问题或者提供的修改意见才能真正解决问题。如果一家公司非要闭门造车，不听取客户的意见或建议，那么，他们生产出的产品极有可能不被市场接受。在我们心中，消费者不只是被动接受我们的产品，而是生产性消费者。这个休息室就是我们把想法和概念具体化，并让客户体验新产品和新服务的地方，这里的产品都是还未正式进入市场销售的产品。我们勇敢接受批评，甚至鼓励客户针对产品提出宝贵的意见。"伊丽莎白解释说。

塔雅有些不相信，问道："来这里参观的访客会直接说出他们的需求和想法吗？""不完全是，"伊丽莎白回答，"我们是客户和企业之间的桥梁。但是客户并不是都能理解我们搭建这个休息室的意义何在，因此，我们总是会先向客户介绍 JOSEPHS® 的历史和理念。我打赌，你们刚来的时候也不是很理解我们。"确实如此，史蒂芬和塔雅都点点头。"而且，并不是每一个人都愿意参与开放的合作。"

"营造出氛围良好的产品体验区并一直陪伴客户，不管对公司的员工、合作的公司还是对来到这里的体验者，这件事都很不容易，极具挑战性。"伊丽莎白解释道："这种定性研究、探索客户喜好的方式，其优势并不能立即被认可。尽管公司里越来越多的人开始接受这个方法，但还是有人对它持消极态度。因此，对于很多与我们合作的企业来说，我们就像他们的'外部创新工厂'。更重要的是，作为我们的研究项目，这个产品体验区不仅仅组织培训、举办活动、搭建联合办公室，还能提供更多东西。"

"研究岛"跟踪用户新需求——为创新开新路

"环顾四周，你会注意到，每个'研究岛'都用不同的主题展示了进一步改进后的产品和服务。例如，在我们正对面，旅游专业的学生正在一个仿建的酒店接待处与游客进行各种情景表演。他们的表情会被摄像机记录下来，学生会根据摄像资料科学评估游客的满意度。在它旁边，是一个弗劳恩霍夫建筑物理研究所设计的空气净化器，它是一种新型降温或除湿系统，不仅可以调节空气温度、净化空气，还可以播放音乐，可以为人们创造一个更愉悦的工作环境。"

"下一个休息室里你可以看到詹姆斯，它是一个数字化管家。詹姆斯其实是一个移动式人工智能机器人，为人们旅行、购物提供帮助，或帮人们干家务。比如，在机场或火车站，詹姆斯作为私人助理可以搬行李或者提供引导。当然除了搬行李，你也可以根据自己的需求为它设置新功能。"伊丽莎白说完，看到史蒂芬和塔雅正目不转睛地盯着机器人看，显得十分惊奇。

"我们还有一个非常实用的设计：从一个'研究岛'走到下一个'研究岛'，参观者的脚就已经被测量了。那里有一台3D扫描机，扫描大脚趾、脚跟到脚踝，构建出鞋垫轮廓，与数据库中成千上万的鞋子轮廓比较，然后选出最合适的鞋子。这个系统可以帮助网络零售商降低退货成本，百货公司也正尝试依据这个系统建设一个可以扫描服装的系统。""不错不错，一双合脚的鞋子永远都穿不够。"塔雅笑着说。

"这个体验区的产品都没有正式销售，容错率较高，因此公司可以做一些尝试。"史蒂芬总结了一句，继续说，"我觉得，建立'产品体验区'的想法，与传统的产品开发办法和经典的定量市场研究完全不同。"伊丽莎白说："是的，某种程度上讲的确是这样。我们将用户明确的想法转化成潜在需求。人们依靠感官理解世界，人具有社会性和互动性。因此，只有当在一个具体环境中体验时，我们才能真正感受到新事物的优劣，找出问题关键进行改进。与此同时，作为产品制造方，我们既可以在真实环境中观察用户，也可以深入询问用户的意见。"

新颖、改良和创造——鼓励用户群体提意见

"开发新产品和开发新服务之间有区别吗?"塔雅问道。"一旦涉及创新,很多旧办法就不管用了。不管是产品还是服务,我们都遵循'经典的市场研究—传统的设计思维—灵活的产品或服务开发'这一路径。越来越多的公司选择在互联网上众包或者举办创新竞赛,但这样往往还不够。"伊丽莎白说。"那还有什么办法呢?"史蒂芬问。

"为了开发新产品,我们不仅询问目标用户的建议,还兼容了产品的新颖性、改良性和创造性。通过研究我们发现,目标用户的建议往往能启发公司迸发出非常闪亮的灵感。至于去询问哪些人的意见,不在数量,而在是否合适,这些人通常不是客户档案里的人,也不是发邮件可以找到的人。"伊丽莎白耐心地解释。"当然也不能是那些拿着购物券来消费的人。"塔雅补充。伊丽莎白点头表示赞同,她说:"有些人来到这里,根本不知道这里是用来干什么的,只是为了坐下喝杯咖啡,但是就是这一杯咖啡的时间,就兴许会为我们解决一个难题。"

塔雅想了想,说:"也就是说,如果想以这种方式推动公司发展,就意味着创新不再是一个固定的过程,而是要和客户持续互动、不断改进。那么,就必然需要许多像JOSEPHS®这样的场地开办'产品体验区'。""没错,"伊丽莎白回答,"不能仅仅是像现在许多公司开设的创新实验室那样。"史蒂芬马上说:"对,这个观点我同意。""嗯,因为大多数情况下,去那里的参观者都是公司现有的客户,这就不算是真正的'开放'。想要真正的创新,就要足够开放,这意味着不管是谁,只要他感兴趣,都可以走进创新实验室。"

伊丽莎白继续说:"凡是来到我们这儿的人,我们不会要求他们填写调查问卷,而是让他们亲身参与到公司、初创企业、部门的工作环境中。我们秉承约瑟夫·冯·弗劳恩霍夫(Joseph Von Fraunhofer)的理念,我们不会

让我们的创新伙伴孤立无援。通过开展培训和各种活动，我们让各个社区定期交流，以此提高合作伙伴的创新速度。""我还有最后一个问题，"塔雅问，"纽伦堡的受众对你们的这个创新概念有什么反应？""嗯，在纽伦堡，JOSEPHS® 是一个全新的事物。根据我们的观察，大众对这一新事物的态度更多的是好奇，而不是恐惧。"

通过和伊丽莎白的谈话，塔雅和史蒂芬大受启发，他们开始探索 JOSEPHS® 的其他"研究岛"。两个小时后，他们走出画廊，来到大街上，阳光正烈。塔雅兴奋地说："简直就是一个新世界！""我想知道，德国有没有类似的模式。"史蒂芬说。"这取决于我们这些人会不会执行……"塔雅回答。他们说着沿着纽伦堡老城区的中世纪城墙走向他们的小轿车。

在 JOSEPHS® 找到的创新基因

面向未来的小飞跃——在第 7 章中，管理委员会成员将一起讨论他们在实地考察时看到的那些创新企业的行动指导原则，并将他们在这次游学中发现的创新基因总结如下（见表 4-2）：

表 4-2　JOSEPHS® 的创新基因

基因	基因概念 = 指导原则
BR—打破传统	BR 基因（Breaking Rituals）指，企业要大胆质疑现有的认知、思维和评价模式。
CA—文化意识	CA 基因（Cultural Awareness）指，企业要能识别、发展不成文的规章制度、工作模式和企业文化。
CC—客户共创	CC 基因（Customer CoCreation）指，让客户或用户主导创新过程，运用跨学科手段解决问题。
CE—好奇与热情	CE 基因（Curiosity and Empathy）指，创新实验室要对人的思想、情感、价值观和行为方式充满好奇，并且保持中立的态度。

续表

基因	基因概念＝指导原则
CF—持续支持	CF 基因（Consequent Facilitation）指，企业要确保持续支持创新活动。
CL—不断学习	CL 基因（Continuous Learning）指，保持永不满足的好奇心。
CM—能力匹配	CM 基因（Capability Matching）指，企业要学会将合适的合作伙伴放在合适的时间和地点。
CP—敢于行动、抓住重点	CP 基因（Commitment and Pivoting）指，企业要致力于形成战略路线，在执行过程中不断交流，收集意见不断完善，如果方向有偏差，也要敢于及时矫正方向。
DE—脱离企业、保持距离	DE 基因（Distance and Excentricity）指，创新基地要与公司总部分离开，新事物要脱离企业文化的影响和限制才能成功。
DS—转移重心	DS 基因（Domain Switch）指，企业要学会将现有的能力和技术转移到新的应用领域。
DT—团队多样化	DT 基因（Diverse Teams）指，以目标为导向，随时在企业内外寻找具有非凡的专业能力、具备团队工作素质的新人才。
EE—探索和实验	EE 基因（Explore and Experiment）指，企业亲自定义'自由空间'并亲自尝试，这样企业就会知道，边界在哪里。
EI—热衷发明创造	EI 基因（Eagerness to Invent）指，企业要有发展壮大的雄心，有敢为人先的魄力，敢于开发新事物，敢于直面差异化，有为客户提供独一无二的产品或服务的愿望。
FF—集中力量	FF 基因（Focus Fulltime）指，要将团队资源集中在一个项目上，不要让几个项目同时分割企业资源。
HA—超越意识	HA 基因（Hyper Awareness）指，决策要依据数据和信息，而不是直觉。
IA—个人欣赏	IA 基因（Individual Appreciation）指，以欣赏的眼光看待创新，即使很难实现也应当尊重它。
ID—迭代交付	ID 基因（Iterated Deliveries）指，为功能性增量持续开发部分解决方案。

续表

基因	基因概念＝指导原则
JF—联合预测	JF 基因（Joint Foresight）指，在结构化讨论中，与其他人一起对未来的发展情景进行跨行业思考、开发或概括，并将其转化为战略方针。
MC—创新热情	MC 基因（Management Commitment）指，管理层的创新性思维和实践会对组织发展创造巨大贡献。
MT—大胆想象	MT 基因（Moonshot Thinking）指，大胆想象！——有意识地大胆想象，让新想法帮助自己重新思考问题。
ON—开放型网络	ON 基因（Open Networks）指，各方面参与者协同合作，建立一个开放网络，确保各方知识、技术能够转化为企业的创新能力。
PD—坚定、持久	PD 基因（Persistence and Durability）指，当你确定某个客户需求很重要或者未来一定会被客户需要时，就要坚持不懈地追求这个目标，不要被外界声音所干扰。
PS—心理安全	PS 基因（Psychological Safety）指，要营造出包容的企业文化和工作氛围，员工可以自由表达观点和意愿。
RS—简化流程	RS 基因（Reduce and Simplify）指，尽可能简化过程，满足基本需求的同时防止出现重复、复杂的流程。
SC—展示案例	SC 基因（Show Casing）指，展示具体、生动、鲜活的实践案例，引导潜在客户在他的领域（行业领域、工作领域、研究领域）里应用新的实践或生产理念。
ST—初创思维	ST 基因（Startup Thinking）指，企业要永葆初创思维，引导员工的思维和行动一直处在"动态前进"的方向上。
UC—以用户为中心	UC 基因（User Centricity）指，从用户端获取灵感和反馈，将公司所有的行动都集中于能够产生更多价值的地方。例如，描述用户的深层需求，将其作为今后所有现实问题的起点（"逆向思维"）。

"创新实验坊"——WATTX

> **实地考察 WATTX 的现实发展情况**
>
> - 公司：实地考察→ https://wattx.io/de
> - 人员：实地访谈
> - 地点：实地考察→柏林
> - 内容：对于创新的关键问题

"创新实验坊"——"懂行"创造更大价值

拿着名片，佩尔和海因茨从柏林的亚历山大广场出发，向北走到罗莎·卢森堡广场，来到本次学习之旅的第一站。他们看着名片上 WATTX 公司的徽标，很独特：巨大的黄色字母 M 配合黄色 V 形花纹和雪地里的轮胎印记。海因茨问："他们到底是做什么的？""看样子像是老式蒸汽机或者使用马达和油驱动的某种机器，就是那种旧工业采用的东西。"佩尔回答他。没多久，他们就到了一个重新修复过的砖瓦建筑前，让他们非常吃惊的是，别看外面的样子老旧，走进去发现这个建筑的内部设计是现代化的风格。佩尔心情不错，他对海因茨说："这才说得过去。不过，这个建筑到底是用来干什么的？"海因茨掏出手机迅速搜索，《商报》上的一篇文章是这么写的：

> 该区域共占地 4,500 平方米，旨在将各个想要认真研究数字化商业模式的中型企业联系起来。该项目 3 年前由供热气候专家菲斯曼（Viessmann）着手推广。开展该项目的初衷是：数字化发展需要中型企业之间加强合作，但是也需要中型企业加强与初创企业、数字化代理商以及程序员的合作……

"我不相信他们能合作！"海因茨对佩尔说，然后他又补充道，"100 年后，真正的企业家精神将再次大受欢迎！"说毕他继续读手机上的信息：

> WATTX 总经理托比亚斯·拉珀斯（Tobias Rappers）指出，从"创新实验坊"建立以来，已经先后有 14 家企业来到这里，那些独具慧眼的人聚集到这里。虽然这里的人都有合作意识，但是并不是所有中型企业都有这个意识。公司可以先在这里注册 1 年的会员，然后在这个创新生态系统中创建自己的小型创意工坊或创意室，这个创意工坊或创意室对于公司发展新的商业模式有着非常积极的作用。

柏林"创新实验坊"的探索之旅

"你好！很高兴你们能来。"海因茨和佩尔循声抬头，原来是"创新实验坊"的一位主管马里乌斯·姆罗塞克（Marius Mrosek），这位年轻人面带微笑，冲他们友好地招手。"我听说你们的公司是一个传统的企业，发展也很成功。但是你们还是想看看柏林的企业有什么新变化，对吗？"海因茨和佩尔点点头。"我前不久收到总经理的来信，说一位来自黑森林地区唐古拉公司的老熟人古斯塔夫要派两名员工过来学习。""没错，就是我俩！"海因茨说，"我们在游学，想探索新世界。我想，这方面 WATTX 应该是绝对绕不开的一站吧？""那肯定是，"马里乌斯自豪地说，"那其实是我们的'创新实验坊'，也叫'风险实验坊'，WATTX 致力于建设新的初创企业，并在此期间选定合适的合作伙伴，有针对性地建立合作关系。"

马里乌斯继续介绍："许多中型企业缺乏资源、技术和时间。但是 WATTX 可以解决这些问题，并最终成功建立起一个新公司。'公司建设'意味着独立于现有公司结构之外建立一个创新项目。许多公司想在内部实施创新项目,都失败了。'公司建设'是目前创新管理领域的一个热门话题,毕竟,这是要在公司之外建立一个全新的商业模式。"

探索和利用——要创意,更要魄力

"经验表明,建立一个新公司并不容易……"海因茨想知道为什么事情在柏林可以进展得如此之快。马里乌斯解释说:"其实不是速度的问题,许多中型企业的优化速度可以说是世界冠军,但是却不敢尝试。学术上将其称为'E&E'(Exploit versus Explore[①]:探索和利用),其实就是指公司的'黏土层',即中层管理者的惰性以及各系统之间的不协调性,这些往往是阻碍工作流程和决策速度的罪魁祸首。渐进式创新一般可以在企业中良好地运行,除此之外,任何颠覆性的创新都十分困难,比如在公司内部开发新的商业模式。同样,实验新模式和合作创新在这样的公司也行不通。"

"但是,创新不就是要在整个企业中实施吗?"佩尔问。"是的,但是在这个过程中有 3 件事特别重要。"马里乌斯边说边在一块黑板上写下"创新实验坊"在创新实验中的 3 个主要推动力:

创新的三大推动力

- 在创新系统中建立网络化和透明化的流程。
- 鼓励经验交流和分享,促成真正的合作。
- 快速设计创新模式并进行实验验证。

[①] Exploit:基于已知的最好策略,开发利用已知信息的具有较高回报的品类(贪婪、短期回报),就是对已经发现的用户兴趣,继续加以利用。Explore:挖掘未知的、潜在可能高回报的品类(非贪婪、长期回报),就是探索用户新的未知的兴趣点,防止路越来越窄。——译者注

"最后一个推动力是专门针对验证研究结果和创新模式测试的。"马里乌斯说,"一方面,对于初创企业来说,WATTX 不是加速器,而是另一种'企业创新工具'。因为我们的计划是针对已经形成的初创企业的,通过使用我们的创新技术将企业做大做强。另一方面,我们不接受别人创办的企业,也就是说我们用来实验的初创企业都是直接由我们自己创办的,然后进行实验,总结出方法经验,让企业家变得成功。"

"如果企业想要创新成功,这是唯一的选择吗?"海因茨疑惑地问。"也不是,和其他公司合作也是一个很好的解决办法,或者企业家可以在自己相关的核心商业领域中多次尝试。但是无论怎么做,都得在一个像'创新实验坊'这样的经过设计和策划,与企业现有结构分离开的地方实施才行。只有企业家和其他企业合作,或在一个设计好的创新生态系统中进行创新实验,创新才能走得更远,最终走向成功。我们已经为这样的中型企业创造了一个创新生态系统,以期企业能够最终自力更生。"

"这是不是也就是说,WATTX 其实是这个创新生态系统的一部分?"佩尔问道。"没错!"马里乌斯回答,并看向马丁,他正带着 WATTX 的工作人员从走廊过来。马丁将海因茨和佩尔带进一个创新室,15 年前这里还是一个画廊,现在已经被改造成创新室,用来建造创新模型。

专业知识结合数字化商业模式——奠基初创企业

马丁向佩尔和海因茨热情地解释了 WATTX 的由来,"WATTX 是一个孵化器、创新中心还是一个现代研讨会、培训中心?都不是。其实,WATTX 是菲斯曼公司的'创新实验坊',它的实际所有权以及大部分股份都属于创始人。在 WATTX,我们有一个国际团队,致力于研究技术、软件开发和用户体验。"

"我们采用的方法是，将特定行业垂直领域①里的专业知识与新的数字化商业模式交叉。为了做到这一点，我们通常与制造业公司以及我们的母公司菲斯曼合作。"马丁自豪地说。

"我们的目标是，通过建立初创企业或单个创新单元，将企业界和初创企业领域的人员联结起来。只有当我们能够成功深入专业领域，给出数字化解决方案，为客户解决企业发展中的核心问题和挑战时，才说明我们足够出色。也就是说，我们得研究客户面临的真实问题，直到可以为客户提供一个全新的、有说服力的解决方案。其中包括结合行业专家的专业知识为客户创新商业模式。核心在于'问题挖掘'，即深入分析某一应用领域问题所在并开发出新的解决方案的能力——有时，我们需要挖掘的问题远远超出现有的问题。"

"这种'挖掘问题'的态度也体现出我们公司的工作氛围。我们用最大的热情为客户提供服务，将在经典的商业领域中打造出真正的明日之星。即使是一些诸如工业用泵、罐装设备或加热技术这类比较枯燥、老旧的领域，也拥有数字化改革的基础。"

"我们不是纯粹的软件开发者，而是着眼于建立可以开发软件的团队，并且在进一步运行中不断维护它。我们秉持'以用户为中心'的设计理念，到目前为止，这在中型企业中还很少见。"马丁总结道。在场的人都能看出来，马丁对自己公司的产品和服务深信不疑、信心满满。计算机科学专业出身的马丁愿意躬身力行，这种态度深深扎根于柏林的创新生态中。换句话说，马丁是技术与商业之间的粘合剂，是对以制造业和供应链为中心的工业4.0的最新诠释。

---

① 行业分支或细分行业。

让用户更便利——数字化服务的魅力

"我们目前正在进行各种项目，重点是大幅度简化复杂的投标或设计过程。"马丁解释说，"例如，一个客户如果想为大型商业建筑群配备更加优化的空调系统，或者一个建筑师想寻求建筑外墙多样化元素设计的最优解。在这些情况下，不同参数排列组合能够产生的结果数量简直令人难以置信。"

他继续说："人工智能控制的工具能够大大简化专业设计师的工作量，并且还可以帮助设计师找到最好的方案。"佩尔和海因茨点点头，确实如此，在唐古拉，他们亲身体验过准备报价单多么费时费力，更别提中间还有种种审批程序。马丁看着这两个人，仿佛猜出了他们的心事。他指出了两个非常重要的方面：所有加入新公司的人都是全职工作，他们全神贯注地工作，希望获得成功，这些跟那些真正的初创企业相比没什么不同，唯一不同的是，这些人拥有更多专业知识和专长。

摆脱"离心力"——外部创新

"难道不能直接在母公司做这些事并且招募有能力的人吗？"佩尔好奇地问。"好问题！"马丁回答，"我们的母公司在黑森州北部的阿伦多夫。我们需要大量来自全世界各地的国际培训工程师，这些人才在柏林更容易找到。"原来如此，佩尔和海因茨明白了。

"除此之外，不在母公司开展创新项目还有一个原因，"马丁继续说，"公司的核心业务总是需要遵循原定的规章制度。虽然创新有明确的目标和强大的动力，但是通常情况下，创新总是指向更快速地提高公司核心业务的收益能力。如此巨大的改革，如此快速的转变，在母公司内部难以实现。"海因茨凑到同伴耳边轻声说："如果在唐古拉实施会如何呢？"马丁继续说："在WATTX，这些创新项目的效果我们未来可以共同见证。当然，不同的声音总是有的，我们会去街角克莱尔啤酒馆里的啤酒花园畅谈一番。这是一种缓和的冲突管理方式。一般到了第二天早上，所有问题都解决了，全公司上下又开始全速前进。"

海因茨轻声抱怨："黑森林可不缺酒馆。"佩尔马上说："所以这不是关键。"两个人终于第一次产生默契。渐渐地，他们意识到，想要向前迈出第一步，唐古拉就必须要重新改造一番，不仅要刮掉"污垢"，还要彻底改变企业文化，营造出团结合作的团队精神。

不同凡响！——直面挑战

佩尔总结说："因此，我们必须要做一些完全不同的事情，给所有人释放出明确的信号。可能我们需要建立一个'企业中的企业'——一种创新孵化器。在那里，将会有允许自由思考的独特氛围。这毋庸置疑是一个新的里程碑，预示着企业的新时代已经来临。""听起来不错，"马丁说，"我想给你看点东西。"说着，马丁把他的平板电脑放在桌子上，点开屏幕，给他们播放了一段苹果公司 1997 年的宣传短片《非同凡响》，里面这样说：

> 向那些疯狂的家伙致敬。
>
> 他们特立独行。
>
> 他们桀骜不驯。
>
> 他们惹是生非。
>
> 他们格格不入。
>
> 他们用与众不同的眼光看待事物。
>
> 他们不喜欢墨守成规。
>
> 他们也不愿安于现状。
>
> 你可以认同他们、反对他们，颂扬或是诋毁他们。

但唯独不能漠视他们。

因为他们改变了寻常事物，他们推动人类向前迈进。

或许他们是别人眼里的疯子，但他们却是我们眼中的天才。

因为只有那些疯狂到认定自己能够改变世界的人，

才能真正改变世界。

"可能乔布斯当年遇到的问题，和你们现在的一样。"说完，马丁向他们告别离开了。

在WATTX找到的创新基因

面向未来的小飞跃——在第7章中，管理委员会成员将一起讨论他们在实地考察时看到的那些创新企业的工作指导原则，并将他们在这次游学中发现的创新基因总结如下（见表4-3）：

表4-3　WATTX"创新实验坊"的创新基因

基因	基因概念＝指导原则
CD—建设性对话	CD基因（Constructive Dialogues）指，为推进手头工作，解决冲突时要始终进行建设性的沟通。
CM—能力匹配	CM基因（Capability Matching）指，企业要学会将合适的合作伙伴放在合适的时间和地点。
DE—脱离企业、保持距离	DE基因（Distance and Excentricity）指，创新基地要与公司总部分离，新事物要脱离企业文化的影响和限制才能成功。
DS—转移重心	DS基因（Domain Switch）指，企业要学会将现有的能力和技术转移到新的应用领域。
DT—团队多样化	DT基因（Diverse Teams）指，以目标为导向，随时在企业内外寻找具有非凡的专业能力、具备团队工作素质的新人才。

续表

基因	基因概念＝指导原则
EM—员工流动	EM 基因（Employee Mobility）指，员工在企业生态系统中可以随时改变工作时间、工作地点和工作内容。
FF—集中力量	FF 基因（Focus Fulltime）指，要将团队资源集中在一个项目上，不要让几个项目同时分割企业资源。
ID—迭代交付	ID 基因（Iterated Deliveries）指，为功能性增量持续开发部分解决方案。
JF—联合预测	JF 基因（Joint Foresight）指，在结构化讨论中，与其他人一起对未来的发展情景进行跨行业思考、开发或概括，并将其转化为战略方针。
MM—找到意义	MM 基因（Make Meaning）指，组织要从发展目的出发，充分解答"为什么要创新"这个问题，让每个人都理解这么做的好处。
MP—目的决定方法	MP 基因（Methods follow Purpose）指，为解决重复性问题，要拒绝方法上的教条主义，发展多机制系统。
OM—所有权与主要股份	OM 基因（Ownership and Majority Shares）指，将更多股份留给创始人（＜50%），其他人只占少部分股份。
PA—热情讨论、彼此适应	PA 基因（Passionate and Adaptable）指，团队间进行激烈讨论，协调新需求。
PM—问题挖掘	PM 基因（Problem Mining）指，深入分析某一应用领域问题所在并开发出新的解决方案的能力——有时，我们需要挖掘的问题远远超出现有的问题。
RD—减少防御	RD 基因（Reduce Defence）指，暂时推翻组织的"免疫系统"，停止追求稳定的企业文化。
ST—初创思维	ST 基因（Startup Thinking）指，企业要永葆初创思维，引导员工的思维和行动一直处在"动态前进"的方向上。
UC—以用户为中心	UC 基因（User Centricity）指，从用户端获取灵感和反馈，将公司所有的行动都集中于能够产生更多价值的地方。例如，描述用户的深层需求，将其作为今后所有现实问题的起点（"逆向思维"）。

科技创业公司——Hubraum

> **实地考察 Hubraum 的现实发展情况**
>
> - 公司：实地考察→ https://www.hubraum.com
> - 人员：实地访谈
> - 地点：实地考察→柏林
> - 内容：对于创新的关键问题

名副其实的拓荒人——信息传递的创新

唐古拉的研发主管海因茨和总经理史蒂芬满怀期待地走进这座 4 层的旧砖大楼。"这里风景不错。"海因茨说。"柏林就是这样的。"史蒂芬回答，"我们进去看看吧，看看像电信这样的龙头企业是怎么创新的。"

两人一起走进大楼，怀揣着极大的好奇心四处打量，最后，他们在一个半圆形的座位上坐下来，座位前面好像是一个辅助展示区。这样简单的空间设计立即引起海因茨极大的兴趣。墙面上的砖都像是粉刷上去的，但是座位不怎么舒适。电信母公司有足够的"资源"将这里重新改造一下，但是却没有这样做，"难道是别有用意？"海因茨暗自想。

没过多久，一个身穿连帽衫的年轻男子向他们招手走过来，"我是丹尼尔（Daniel）。"他向两位自我介绍。丹尼尔已经在电信公司工作了 15 年了，他光听到大家说要"改造公司"就不下 8 次了。不知何时，丹尼尔开始找到亲自做项目的乐趣。如今，曾在互联网上风靡的东西，已成为创新的核心内容，甚至许多以前在互联网工作的人，现在也已经成为创新团队的核心成员。丹尼尔也是如此，作为一家DAX集团公司①的员工，面对问题他总是直言不讳，跟其他员工有些不一样，似乎他已经将这份工作当作了自己的终生职业。

坚持不懈——第一个创新基因

史蒂芬看到丹尼尔的平板电脑上印着"坚持"和"持久"，他低声对海因茨说："这里有创新的感觉，这里的人充满激情，最终一定会创造出什么。我们得竖起耳朵、瞪大眼睛，这里一定有很多东西值得我们学习。"丹尼尔继续补充："Hubraum最初是电信公司与初创企业的创新衔接口。2012年的时候，我们先是将重点放在'创新加速器'项目上。当时，还没有现在的'联合办公'概念。今天，Hubraum已经成为一家科技创业公司。我们坚持不懈，期望在初创企业和重量级企业之间建立桥梁。我们的目标主要是：在企业外部孵化创新项目，然后将其组合到企业产品中。"

创业团队集中力量

丹尼尔接着说："今年，又有几十个创业团队接受了我们Hubraum的全力支持。企业创始人有机会具体深入地探索企业创新所需的特定技术或流程，我们为他们排除这个过程中可能出现的各种阻碍。他们可以直接远程与专家和用户讨论自己的想法，通常情况下，经过这种讨论，不管是共同完善还是直接改变商业理念，他们都可以很快得出结论。初创企业可以通过这种独特的渠道获得企业建立'加油站'的秘诀，并通过在我们的'创客空间'进行实验让自己的想法得以实现。我们成功的关键在于如何选择投资策略：我们通常会选择少数股东投股的战略性投资。这种投资形式下，创始人仍然

---

① DAX，德国股票指数。包括德国股指最大、交易额最大的30家股份公司。——译者注

是企业的所有者，他们可以没有阻碍地顺利实施自己的想法。"

为初创团队提供永久的技术和支持

史蒂芬欣赏着这座有近百年历史的砖瓦建筑，赞叹着它实现的技术飞跃。"这是我距离下一代移动通信标准最近的一次，但是就这么个建筑就能囊括一切创新基因？"他难以置信地问丹尼尔。丹尼尔意味深长地点点头，说："最初，Hubraum 的重点研究领域是技术，准确地说是电信技术，这涉及下一代移动通信标准、通信的连接性能和智能手机技术。"

"每一个创业团队都会配备一个电信领域的高级专家。然后我们在 Hubraum 进行培训。每一个好的主意都能找到一个赞助商。"丹尼尔继续说，"我们投资 100 万以下的初创企业，我们和各位共同投资者只占少数股份。这样，一旦员工有合理的商业计划可以支持他们的新想法，就可以不受制约地快速实现。我们有一个相当大的社区——就是这栋建筑，在这里不光有我们，还有很多其他初创企业。"丹尼尔非常自豪地说。"听起来真是让人兴奋！"海因茨也很开心，"还能为我们举个例子吗？""当然！"丹尼尔回答，"我可以换个角度给你们讲讲。"

Hubraum 是你通向企业的桥梁与保障

丹尼尔继续说："电信公司的特色不是支持一个年轻的创业公司加速发展。因此，对于 Hubraum 来说，重要的是和企业以及相关资源之间的联系。这里的员工不需要像波恩电信总部的人那样穿戴整洁，大家都把注意力集中在产品上，事实上，这样才能共同研发出新产品。柏林的 Hubraum 远离电信公司内部规章制度的约束。如有必要，我们也会迅速建立起和集团的沟通。并且，作为 DAX 集团的一员，我们有很好的稳定性，发展非常稳健。"

令人好奇的建筑——柏林中心的现代砖瓦大楼

海因茨和史蒂芬一到这里就注意到一点，Hubraum 的外观看上去非常与众不同——古老的砖瓦建筑，色调为醒目的洋红色和清爽的海蓝色，摆着风格偏休闲的沙发等家具和几件陈设。这里距离柏林舍内贝格的温特菲尔德广场只有几步之遥，员工午餐或晚餐时间可以去那里放松。丹尼尔说："我们从不隐瞒我们的母公司是电信这个事实。Hubraum 是电信旗下的一个子品牌。正是因为有了电信的背书，我们才能坚持自己的风格——让两套系统同时存在，集团内部更偏向于传统的管理模式，而在 Hubraum，一切都是灵活的。电信的强大支持让这两套系统可以成功运行下去。"丹尼尔打了个比方，就好比将一个英语单词写入德语句子中，这是一个跨越式的方法，但是很有效。因为，在 Hubraum 中，人们总是被鼓励，鼓励跳出定势思考问题，鼓励大胆尝试新技术，鼓励实验检验，鼓励将不同的东西大胆结合。

精益创业现场——Hubraum 实验室

"听起来不错。"史蒂芬想，但是经验告诉他，这样的事情一定会遇到阻碍。因此，他好奇地问："当创始人中间出现矛盾或者专家认为远远有比创始人更重要的事情时，该怎么办？""这个问题问到点子上了。"丹尼尔想都没想就回答说，"这个时候，我的工作就是给出正确的解决方案，力求各方达成共识，而不是互相对抗。虽然制订方案需要时间，但是这样做是值得的。有时，或许我还需要想办法让组织中的人理解这一方案，比如通过实验验证方案，初创企业尤其喜欢看到有说服力的结果。"

"这在我看来是'第三条路'，即如何让人理解正在发生的事情，其实这些事情无关对错，也无所谓谁对谁错，而是要通过另一个方法，与第一批客户进行产品实验，运用精简创业的理念，然后通过不断的学习和有价值的用户反馈，对产品进行快速迭代优化，以期适应市场。当然，这种方式也会对母公司产生一定的影响。"丹尼尔形象地解释了一个组织激动人心的发展历程，"对我来说，这也是一个真正可以让公司持续增长的方法。"

发展定位三层面

讲到这儿，丹尼尔突然想起来了什么，问："提到持续增长，你们知道麦肯锡关于创新和持续增长的'三层面理论'吗？"他拿起笔，在挂图上画了起来（见图4-3）：

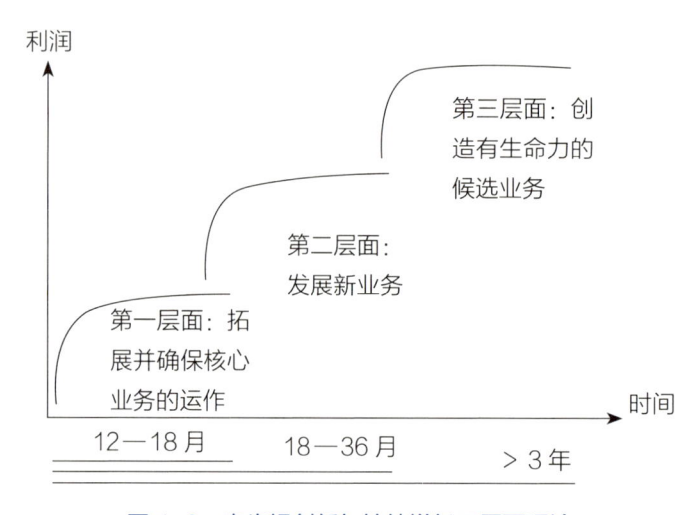

图 4-3　麦肯锡创新与持续增长三层面理论

他解释道："第一层面的重点是扩大电信的核心业务。同时，电信专注于进一步发展、优化产品和服务。这意味着更加深入地理解客户需求，为客户提供更全面、更优质的问题解决方案。除此之外，电信的业务模式也被进一步优化，我们会更多地运用新技术，如公司内部自动化流程。"

"第二层面涉及开发创新产品和服务。电信的组织结构是开放式的，这成为我们进一步开发创新产品的基础，这个基础就是 Hubraum，它是独立于公司，与公司并存的结构。"

"第三层面重点是开发有生命力的候选业务，用于创造未来的商业模式。这需要摒弃现有的价值创造机制，进行更加大胆的思考。"

"通过无数案例，我们可以看到，独立于企业之外的创新机构或者初创企业为加速提升企业创新能力作出了决定性的贡献。它们至少能够对现有企业产生影响，甚至能够直接改造现有企业。这个创新机构或初创企业揭露事实真相，让母公司意识到自己的缺陷。虽然它们促进母公司创新能力的方式不尽相同——有时是创新加速器，有时是创新项目孵化器，但是它们的目标都一样——更快地开发新的商业模式。"

"那么，如何实现创新本土化？"史蒂芬饶有兴趣地问。"我们的战略重点是前两个层面，"丹尼尔说，"开发创新产品和服务能否在几个月内实现是我们决策的标准。至于第三层面则交给电信的创新实验室进行，创新实验室远离电信母公司，属于应用基础研究，如果你对这个层面的内容感兴趣，你需要考虑如何与母公司合作。"

与母公司合作——经验分享

史蒂芬对与母公司合作很感兴趣，他向丹尼尔详细了解这个合作如何进行。"啊，这个当然有一定难度，"丹尼尔实话实说，他晃了晃头思索片刻，然后说，"过去几年，我们学到了一些东西。谁也无法保证公司发展一定能有例可循，因此，所有人都得竭尽全力，努力让事情成功。"

"是啊，成功不是单行道，需要合作双方为共同的目标一起努力，对吧？"史蒂芬向丹尼尔求证，"这一点对唐古拉来说很重要。"史蒂芬补充说。"是的。此外，大多数初创企业长期资源短缺。例如，有的企业得满足客户各种各样的品控要求，很快就会力不从心。但是从另一角度来说，一家企业如果没有规矩、准则，没有严格的品质控制要求，就无法健康运转。因此，我们要做的就是让双方充分理解对方，Hubraum 充当的角色更像是一个协调人。"丹尼尔说,"也就是说,充分理解、满足彼此的需求,需要合作双方共同参与,但是这种双方的参与并不总能实现,对吗?"史蒂芬询问。"是的,没错。"丹尼尔肯定道。

他继续说:"首先,初创企业抱怨最多的就是母公司决策过程缓慢、决策需要受限于公司规定。其次,初创企业还表现出'非我发明排斥症'①。我总能听到这样的话:'我们自己有专家、研发人员和研发部门!'这个理由看上非常有说服力,但是这种情况下,公司的免疫系统就会像条件反射一样被激活。于是不断有企业家跑来问我们,如何在新旧事物之间搭建互相理解的桥梁。于是,我们再次成为双方的协调者。"

"成功也会让人嫉妒。"海因茨说得恰如其分。"对,"丹尼尔回答说,"我想,几乎每个大一点的组织都会这样。我们也曾遇到过这种情况。当面对其他团队的嫉妒心态,我们会想方法和对方开展对话,加强沟通,试图让双方理解彼此的关切,将初创企业拉到宏观位置,让其看清楚发展大局,挖掘出创意的力量。"

"还有平台思维。所有事情都应该连接到一个系统中,用一套逻辑处理。但是现实中这种情况很少发生,甚至它会导致人们行动更慢。我经常能在母公司听到这样的话:'我们需要一个统一的系统,一个初创企业能实现我们需要的一切吗?它可以将所有事情整合在一起吗?'这些都是现实存在的阻碍,很多情况下,我们只能通过高度自由和与母公司中的极个别部门联系,在 Hubraum 中选择合适的情景来克服这些阻碍。"

"当然,持保留意见的情况也时常出现。比如,有些人会说:'这样的东

---

① 对于非自己群体提出的想法或创新事物,人们可能会有排斥心理。这是由罗伯特·克拉格特(Robert Clagett)于1967年提出的,他发现研发团队对于其他研发团队所产出的工具有天然的排斥心理。——译者注

西肯定不能融入我们的工作流程中。'但是我的经验证明：任何东西都能进行技术整合。然而，真正需要进行整合的，往往是人的头脑或思想。这就是我们努力的方向——我们为找到'甜蜜点'[①]（Sweet spot）而工作。"丹尼尔自豪地说。

少想，先做，后改错

史蒂芬急忙插话："我还有最后一个问题。Hubraum究竟是如何运作的？"丹尼尔回答："我们的出发点是，无论如何要为初创企业做点事情。因此，我们的创新项目主要集中在特定的技术领域。在Hubraum，初创企业可以测试尚未正式运行的新一代无线电网络——这绝对是一个非常独特的销售理念！创造力需要自由空间，我们的经历就是鲜活的例证。"

史蒂芬继续追问："创新需要尽可能多的自由和创造力，那么，怎么才能避免思考太多影响行动呢？""去做就好，至于如何才能实现最佳沟通是之后才需要考虑的事情。我的座右铭是：先行动，后改错！哦，我还有事，得先走了。"临走，丹尼尔说："下一个建设性的问题解决方案还……"

看着丹尼尔离去的背影，海因茨和史蒂芬陷入沉思。许久后，史蒂芬才开口："这简直太棒了，并且……"他在想用什么词来形容自己现在的心情。"并且非常振奋人心！"海因茨接过话茬说。显然，一向沉默寡言的海因茨很兴奋。

[①] 高尔夫运动专业术语：甜蜜点是一个在球具广告上常见的宣传名词。每一支球杆的杆头，都有一个用于击球的最佳落点，能与球碰撞出最为"甜蜜"的美好感受，因而在高尔夫的专业术语里被叫作"甜蜜点"。它的正式名称是重力中心，所以甜蜜点的位置跟每个杆头的重心位置有关。——译者注

在 Hubraum 找到的创新基因

面向未来的小飞跃——在第 7 章中，管理委员会成员将一起讨论他们在实地考察时看到的那些创新企业的工作指导原则，并将他们在这次游学中发现的创新基因总结如下（见表 4-4）：

表 4-4　Hubraum 的创新基因

基因	基因概念 = 指导原则
CS—创造空间	CS 基因（Creative Space）指，为创新性思想和实践创造有利环境。
CD—建设性对话	CD 基因（Constructive Dialogues）指，为推进手头工作，解决冲突时要始终进行建设性的沟通。
CE—好奇与热情	CE 基因（Curiosity and Empathy）指，创新实验室要对人的思想、情感、价值观和行为方式充满好奇，并且保持中立的态度。
CF—持续支持	CF 基因（Consequent Facilitation）指，企业要确保持续性的支持。
CM—能力匹配	CM 基因（Capability Matching）指，企业要学会将合适的合作伙伴放在合适的时间和地点。
CP—敢于行动、抓住重点	CP 基因（Commitment and Pivoting）指，企业要致力于形成战略路线，在执行过程中不断交流，收集意见不断完善，如果方向有偏差，也要敢于及时矫正方向。
CR—敢作敢为、承担风险	CR 基因（Courage and Risk Taking）指，勇敢承担不确定性、模糊性，没有领导的批准和认可也敢于出发；尚无成功经验也敢于开辟新路。
EE—探索和实验	EE 基因（Explore and Experiment）指，亲自定义'自由空间'并亲自尝试，这样企业就会知道，边界在哪里。
HT—混合型思维	HT 基因（Hybrid Thinking）指，组织应当允许新旧模式共存，要具体情况具体分析。一个组织应当至少有两种运行模式，可以在"部门内自治—部门间协调"和"传统管理模式—创新管理模式"之间来回切换。

续表

基因	基因概念＝指导原则
ID—迭代交付	ID 基因（Iterated Deliveries）指，为功能性增量持续开发部分解决方案。
MS—辅助和支持	MS 基因（Mentoring and Sponsoring）指，组织要为创新团队保驾护航，让它免受"免疫系统"的攻击，并防止组织的官僚主义和传统工作流程限制创新团队。
OM—所有权与主要股份	OM 基因（Ownership and Majority Shares）指，将更多股份留给创始人（＜50%），其他人只占少部分股份。
PD—坚定、持久	PD 基因（Persistence and Durability）指，当你确定某个客户需求很重要或者未来一定会被客户需要时，就要坚持不懈地追求这个目标，不要被外界声音所干扰。
PS—心理安全	PS 基因（Psychological Safety）指，要营造出包容的企业文化和工作氛围，员工可以自由表达观点和意愿。
RT—把控节奏和时间	RT 基因（Rhythm and Timing）指，在平行工作中，或在部分交付的情况下，要定期以可管理的节奏和时间进行自我调节。
ST—初创思维	ST 基因（Startup Thinking）指，企业要永葆初创思维，引导员工的思维和行动一直处在"动态前进"的方向上。

自治型团队——WIDMED

实地考察 WIDMED 的现实发展情况

- 公司：WIDMED（化名）
- 人员：虚构
- 地点：虚构
- 内容：对于创新的关键问题

传统管理模式不复存在——从圣加伦开始

"哦,开了1个小时,"丹尼尔叹口气,"该休息休息了。"说着他打开转向灯,把车拐进瑞士沙夫豪森附近的休息站。"我们到哪儿了?"斯文贾问,她刚从沉睡中醒过来。"我们已经过了瑞士边境,再有100千米就到圣加伦了。"丹尼尔有些困倦,于是去找咖啡喝。斯文贾舒展了一下双腿,开始查看邮件。之前她一直没时间查资料,对WIDMED一无所知,现在她抓紧时间上网查看了相关信息。她边看边说:"圣加伦的WIDMED……啊哈,这家公司主要生产助听器,有耳内助听器和挂式助听器。但是这家公司好像做的更多的是研究助听器连接方式,比如通过在智能手机上的APP连接助听器、通过连接夹连接,还有专门连接电视和电话的助听器,为了实现'更好的听觉',他们研发了好多产品。""具体有些什么?你给我读一读。"丹尼尔边说边坐在驾驶座上,斯文贾开始读:

> "来自圣加伦的WIDMED是活跃于国内外市场的助听器生产专家,该公司以其创新的助听器生产方案著称。在公司成立50周年之际,WIDMED不仅创造了7000万欧元的销售业绩,还找准时机对公司的组织结构进行了大刀阔斧的改革。该公司重新划分了新的部门,形成了以角色为基础的组织框架,公司实行独立责任制,工作方式更加灵活,旧式等级制度已经被彻底废除,传统的管理模式不复存在。这套新的组织框架已经运行了一年,是由公司和员工共同开发的。改革后,团队中的每个人都负有相同的职责,可以自行选择承担什么工作,这让员工开始享受工作,也提升了员工的工作能力,他们可以在团队中同步工作,并投票决定执行谁的决策。"

斯文贾将手机放到一边，若有所思地说："废除传统的管理模式，让员工自己选择工作，从而让他们不仅能快乐工作，还能提升能力。怎么做到的呢？……如果把这套模式用到黑森林，想象一下，会发生什么！"她笑着说，"我很期待，看看有什么惊喜在等着我们。"丹尼尔说："走吧，一起去找找看。"

只考虑合理的反对意见——不一样的决策过程

1小时后，车子进入圣加伦，来到流经圣加伦的锡特河，停在河边的一栋现代化办公大楼玻璃大厅的入口处。斯文贾和丹尼尔好奇地四处打量。"这大楼看上去普普通通，"斯文贾说，"有办公室、走廊、会议室。这里会有怎样不同的管理模式呢？""欢迎你们，亲爱的来自黑森林的客人！"一个年轻人说着一口瑞士德语，从大厅后面走来，看到两个人有些听不懂，他立即换成了标准德语："我是雷托·怀斯，你们可以叫我雷托。很高兴你们来公司参观！路上一切顺利吗？""谢谢，都挺顺利的，就是到得有点早。"斯文贾说。"那我们先去喝杯咖啡吧，之后我再带你们参观公司。"雷托说完，就带着他们走到一台现代的咖啡机前冲了两杯咖啡，然后来到一楼的会议室。"这儿正在开一个'策略会议'。"他解释说，并抬手敲了敲门，里面坐着三个男人和一个女人，他们正在激烈地讨论着什么。

一个留着光头，身穿红色毛衣的年轻男子向他们打招呼："你们能来真是太令人高兴了。我是马赛尔（Marcel）。快进来……这是勒内（René）、乌尔斯（Urs）和雷古拉（Regula）。我们才刚开始。"斯文贾和丹尼尔向大家微笑致意，和雷托一起坐下来。

马赛尔解释说，雷古拉提出了一个新的创新点子，他们今天就是在讨论这个。"大家谁不同意现在实施这个计划？"马赛尔问，房间里一片寂静。"你们觉得实施这个计划有预算问题吗？"勒内说："销售部门的汉斯绿蒂

（Hansruedi）跟我说，挪威的对头公司已经开始实施了，目前并没有什么好的经验可以参照。我不太相信这个新项目的效果，也不理解，为什么大家现在都在做这个。"

"嗯，我能理解这个项目的意义，但是技术上该怎么实现呢？"乌尔斯接着说，他追问，"光第一步就需要比预期更长的时间，我们也没有这方面的经验。我们如何把它顺利接入公司当前的系统中运行呢？有谁想过这个问题吗？""停！"马赛尔有点生气，"我们今天不是来讨论和评估执行问题的，我是问你们有没有人反对这个计划，反对理由是什么？"整个会议室再次陷入寂静。马赛尔说，"你相信与否不重要！现在商讨如何在技术层面上实现也为时尚早。我们首先需要商讨针对这个项目是不是有反对意见。"

"事实不是这样的，"勒内缓缓开口，"每个人都是按照公司的原则思考解决方案的，包括挪威的对头公司也是这样。这存在很多显而易见的问题，乌尔斯，你觉得呢？""确实，如果这个项目成功了，无疑会成为我们的优势。此外，或许我们能从这个项目的其他结果中获取足够的数据用于我们的人工智能。不管算不算数据挖掘，这个项目对我们来说都是一个新领域，如果能解决技术问题，应该是可以实现的。"

"谢谢你的发言，"马赛尔大声说，以打断乌尔斯的长篇大论。"好，现在请大家分别将自己难以理解的问题写下来，让雷古拉接下来去解决。"乌尔斯再次尝试提出自己的担忧，"任何时候我们都应该……""谢谢，乌尔斯。"马赛尔再次打断他，"你也把问题写下来，其他人也都写，我给你们10分钟。"勒内和乌尔斯拿出便利贴开始写。雷古拉很惊讶，他没想到其他部门的同事对自己的计划是如此反应，这两个人的专业知识没得说，他从两个人的意见中学到很多。

10分钟过去了，大家开始接续提问。雷古拉仔细倾听同事们的疑问并为他们解答。同时，她在自己的笔记本上记下这些问题和要解决的事情。"这些都是雷古拉接下来要着力解决的问题，需要在月底之前完成。"马赛尔向丹尼尔和斯文贾解释道。然后他对他的同事们说："很感谢你们今天花费宝贵的时间参与讨论，稍后，我会把下次会议的议程发给你们，今天的会议暂时就到这里。"

"这个会议结束得真快。"斯文贾离开会议室的时候暗自琢磨。丹尼尔问："你们的项目管理人开会时对同事说话都这么不客气吗？"勒内笑笑说："也不是，马赛尔经验很丰富，在我们公司非常受欢迎。刚刚的会议是大家秉持着'共识原则'在做决策。"斯文贾问："什么原则？""共识原则！也就是在决策时不需要非得每个人都同意，"勒内解释说，"只要提不出合理的反对理由，决策者就会继续执行计划。决策者会斟酌反对者的反对理由。'能说出反对理由吗？或者你觉得自己知道自己为什么反对吗？'这种方式会快速推进讨论进程，有利于项目快速进入下一环节，而不是陷在无休止的争论中无法自拔。这样一来，做决策就是一个独立负责的过程，对整个组织来说有百利而无一害。"

专家决策——新的领导原则

丹尼尔详细问："你们的新组织模式真的起作用吗？用这种方式真的能在短时间内实现创新吗？"勒内吸了口气开始解释："几年前，我们就开始了新的组织模式，相当于重构了公司的DNA，在新的组织模式下，员工扮演的不再是传统角色……"斯文贾打断她，问："这就是为什么你们不再有领导的原因？""从某种程度上讲，我们还是有等级结构的，但是这种等级不再把人分成三六九等，而是按行业和专业能力分等级，"雷托概括地说，"我们的准则是：把决策权交给有知识的人。这是什么意思呢？意思是，我们希望每个项目由懂得相关专业知识的人来负责，这样才能保证项目被很好地实施下去。"

"听起来不错，但说实话，如果没有人来领导，总是会有人犯错。"丹尼尔有些质疑。"是的，确实会这样。在这种情况下，'共同商讨原则'就变得更加重要了。当然，没有人能什么都懂，但是团队中的每个人都有权利获得帮助和建议。"

"这个模式不是让大家无休止地争论，但是正如你看到的，即使没有传统意义上的领导者，每个人也都会发表意见。有时，根据任务不同，还会调整会议领导者。"雷托继续说，"最了解项目的几个人聚在一起同步想法、投票表决。这样的团队才能为特定项目贡献最大的智慧，实现公司目标。如果项目改变或者项目无法落地，这个团队就会自动解散。公司希望员工为项目贡献全部力量，并且能够享受他们的工作。建议由专家给，决策由专家做，而不是让担任行政职务的人做这些。不管是谁，只要他有充足的知识和能力，特别是懂得专业知识，他就是专家。公司已经不存在所谓的'什么都知道''什么都能做好'的老板了。员工自己评估自己的能力，自己寻找自己的长处。在项目团队创建期，大多数员工自己选择、决定自己在团队中要承担的角色。"（见图 4-4）

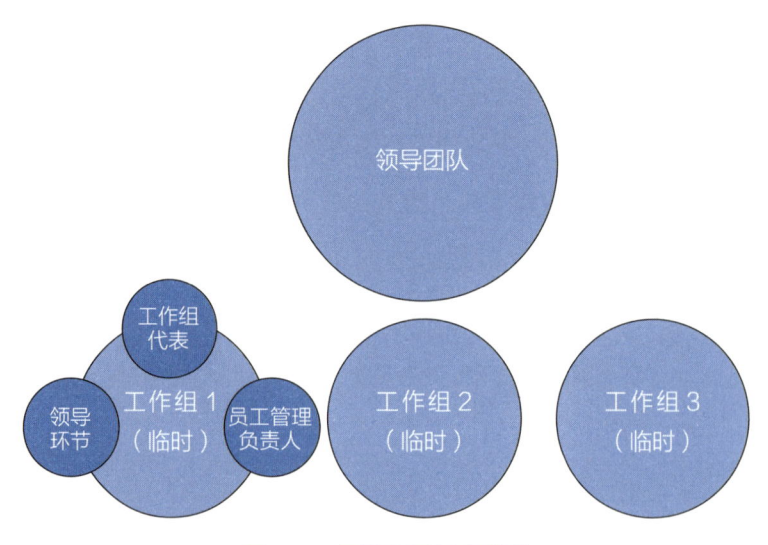

图 4-4 团队领导划分模型

丹尼尔难以置信地问道："自己决定能行吗？""这当然需要公司的大力支持——许多地方都需要被大力支持才行。而且，还有必要重新学习、理解两种制度之间的差异，否则，新制度就沦为旧制度的复制本了。简单来说，就是把不变的部门划分变为灵活的项目团队，把职能描述变为角色描述。这还不够，因为现在每个项目团队的任务分配是员工自行决定的，任命由整个项目团队或'领导环节'决定。"

"因此，还是有领导的！"斯文贾笑着说。"不，和传统的领导不一样。这个领导是由项目团队任命的，负责整个项目团队的战略、资源和决策。"雷托反驳道，"这个领导不是传统意义上发号施令和进行员工管理的领导。在新的管理模式下，员工管理会交给团队里的专人负责。同时，每个项目的不同工作组要选出一个代表，这个代表会成为项目领导团队的成员之一。这样一来，每个负责各环节执行的工作组都参与到团队领导中，这不同于传统的管理模式——决策权集中在一个人身上。"

员工在拥有自主决定权后，都愿意好好工作

"所有员工都愿意这么做吗？"丹尼尔问。"想要让这个新的组织形式发挥作用，有一个最重要的前提，那就是员工有决定权，"雷托说，"所有员工在拥有自主决定权后，都愿意好好工作。其他他们需要的，就是自由创造的空间。我们可以把这种自由和决定权交给他们。当然，这种合作形式并不一定适合所有人，比如已经改变的员工或者新来的员工。这么做最大的好处是，公司有了新的 DNA。所有的决定都不是被强加到公司和员工身上的，而是老板和员工一起商讨的结果。"

"不错不错，"斯文贾说，"但是在一个依靠自我独立负责的工作组织中，创新如何成功呢？这种情况下，怎样做更有效？"雷托耸耸肩说，"只是，我

们太慢了。在这个更加 VUCA[①] 的助听器市场，产品发展速度快于许多公司的决策速度，我们公司就面临这个问题，因此，我们必须尽快适应新市场，加快产品发展速度。"

他继续说："今天，创新发展意味着每个员工都可以提意见。此外，我们在诸如一些侦查新技术、经典问题驱动上仍采用传统方式。我们关注的不是谁提出的意见，而是评估这个意见需要花多长时间，这个意见能否快速改善我们的产品和服务。"

没有会议主持人无法开会——工作铁律

"那这种工作方式是如何形成的呢？"斯文贾问。"关键是不再陷入惯性行为，"雷托给他解释道，"老实说，正如你在会议室里看到的，这也是个巨大挑战。许多人很难打破习惯或有意识地改变旧习惯。为了改变员工的工作方式，我们需要有人主持会议。"

'没有会议主持人无法开会'，这是我们的其中一个原则。主持人的才干可以确保会议内容透明，并在不需要专家参与的情况下实现高效决策。会议主持人的一大任务就是要重视每一个参与者的意见。我们还使用灵活的方法：Scrum 敏捷项目管理、看板管理（Kanban）[②]、设计思维（Design

---

① VUCA 是 volatility（易变性）、uncertainty（不确定性）、complexity（复杂性）、ambiguity（模糊性）的缩写。VUCA 这个术语源于军事用语并在 20 世纪 90 年代开始被普遍使用。随后被用于从营利性公司到教育事业的各种组织的战略这种新兴思想中去。——译者注

② 看板管理，是为了达到 JIT 准时生产方式而控制现场生产流程的一种工具，主流商业管理教育均对"看板"这一源自丰田生产方式的管理工具有所介绍。——译者注

Thinking)[1]都会在合适的时候被使用。这些方法不是一种标准范式，我们在工作中会不断调整，进一步优化这些方法，使其更符合工作需求。"

丹尼尔转念一想，对斯文贾说："斯文贾，你想象一下，如果我们每天都这么工作，会怎么样？我觉得，大多数同事会觉得压力太大。急功近利可能会适得其反，我们的管理层可能不会愿意这么干。""要不他们会干脆全体陷入沉默，无声地反抗，要是出现这种情况，更糟糕。"斯文贾附和。雷托听了，说："如果是积极的反抗，那就再好不过了。毕竟，这样就会让大家的不满情绪完全暴露，不然，当不满情绪发展成谣言，会让公司错失发展良机甚至直接瘫痪。只有与项目密切相关的人积极参与，说出自己的意见，一起处理问题，才能促使项目成功。只有这样，员工的工作方式才能渐渐改变。这需要时间，需要耐心，需要一步一步去实现。""生物学家于尔根可能会把企业免疫系统应答比喻成暂时性企业发烧，企业机体并不会长期经历病毒折磨，等病好了，自然一切都会恢复正常。"斯文贾对丹尼尔说。雷托不是很明白斯文贾的意思。

如何解决员工心理抵触问题——回顾工作

于是，雷托继续说："有些员工在心理上难以接受新事物，Scrum敏捷项目管理可以解决这个问题——即进行工作回顾。我们使用Scrum工具系统发展合作，在企业中营造出共同学习的企业文化。就在昨天，我们还成功处理了一个看似简单实则棘手的问题，这是一个非常经典的案例：一个项目中的员工不断要求他之前的部门主管做决策，其实，作为一个新项目团队的

---

[1] "设计思维"（Design Thinking）最早发源于设计界，是一套科学的提升创造力的训练方法，具有广泛的适用性，因而被各行各业借鉴。斯坦福大学设计学院把它归纳成一套科学方法论后，迅速风靡全球，成为企业培养创新型明星雇员的高效训练法。——译者注

成员，他不应该再询问之前领导的意见。于是我们帮助他回顾工作，以中立的态度讨论这个问题，并向他解释什么叫'员工独立承担责任'。渐渐地，这名员工开始对新的工作方式有了理解，当然，我们不会因此批评他。"

雷托总结说："对我们来说，将个人想法与公司愿景联系在一起非常重要。因此，解释清楚这么做的原因，就能找到相应的实施办法。当大家不理解为什么的时候，自然不知道怎么做。当大家明白，自己的贡献会对公司发展有巨大意义，并且能看到其中的好处，或者大家知道如何使用自己的能力时，才会卸下防备，接受新事物。"

"这不就是我们今天来的目的吗？"斯文贾说。雷托笑了，邀请斯文贾和丹尼尔一起吃午饭，两人非常感谢他。

在 WIDMED 找到的创新基因

面向未来的小飞跃——在第 7 章中，管理委员会成员将一起讨论他们在实地考察时看到的那些创新企业的行动指导原则，并将他们在这次游学中发现的创新基因总结如下（见表 4-5）：

表 4-5　WIDMED 的创新基因

基因	基因概念 = 指导原则
AA—部门内自主与部门间协调	AA 基因（Autonomy and Alignment）指，一个组织要兼容"部门自我管理"和"部门间协调一致"。
AT—适应性转型	AT 基因（Adaptive Transformation）指，一个组织要对内部改革和外部改革的必要性反应灵敏、迅速适应，要第一时间发现组织的改革需求。
BR—打破传统	BR 基因（Breaking Rituals）指，企业要大胆质疑现有的认知、思维和评价模式。
CA—文化意识	CA 基因（Cultural Awareness）指，企业要能识别、发展不成文的规章制度、工作模式和企业文化。

续表

基因	基因概念＝指导原则
CD—建设性对话	CD 基因（Constructive Dialogues）指，为推进手头工作，解决冲突时要始终进行建设性的沟通。
CF—持续支持	CF 基因（Consequent Facilitation）指，企业要确保持续性的支持。
CL—不断学习	CL 基因（Continuous Learning）指，保持永不满足的好奇心。
CP—敢于行动、抓住重点	CP 基因（Commitment and Pivoting）指，企业要致力于形成战略路线，在执行过程中不断交流，收集意见不断完善，如果方向有偏差，也要敢于及时矫正方向。
CR—敢作敢为、承担风险	CR 基因（Courage and Risk Taking）指，勇敢承担不确定性、模糊性，没有领导的批准和认可也敢于出发；尚无成功经验也敢于开辟新路。
DT—团队多样化	DT 基因（Diverse Teams）指，以目标为导向，随时在企业内外寻找具有非凡的专业能力、具备团队工作素质的新人才。
EC—轻松处理问题、庆祝阶段性胜利	EC 基因（Easyness and Celebration）指，组织能以游戏的方式轻松地处理复杂、有挑战性的问题，并庆祝阶段性胜利。
EE—探索和实验	EE 基因（Explore and Experiment）指，亲自定义"自由空间"并亲自尝试，这样企业就会知道，边界在哪里。
EI—热衷发明创造	EI 基因（Eagerness to Invent）指，企业要有发展壮大的雄心，有敢为人先的魄力，敢于开发新事物，敢于直面差异化，有为客户提供独一无二的产品或服务的愿望。
ER—员工的责任意识	ER 基因（Employee Responsibility）指，员工愿意站在不同岗位上共同承担创新责任。
EU—忍受不确定性	EU 基因（Endure Uncertainty）指，一个组织想创新、想发展，就要学会长期忍受不确定性，学会合理处理模糊不清的问题。
FF—集中力量	FF 基因（Focus Fulltime）指，要将团队资源集中在一个项目上，不要让几个项目同时分割企业资源。
FR—灵活的角色	FR 基因（Flexible Roles）指，允许组织中不同的人灵活承担不同的任务和角色，不需要受制于等级制度。

续表

基因	基因概念＝指导原则
GM—成长思维	GM基因（Growth Mindset）指，组织不是一个成品，而是一个不断优化、不断发展的活的有机体。
HA—超越意识	HA基因（Hyper Awareness）指，决策要依据数据和信息，而不是直觉。
HL—领导要谦逊	HL基因（Humble Leadership）指，领导不是超级明星，要谦逊，这样才能与员工建立开放、信任的合作关系。
HT—混合型思维	HT基因（Hybrid Thinking）指，组织应当允许新旧模式共存，要具体情况具体分析。一个组织应当至少有两种运行模式，可以在"部门内自治—部门间协调"和"传统管理模式—创新管理模式"之间来回切换。
IA—个人欣赏	IA基因（Individual Appreciation）指，以欣赏的眼光看待创新，即使很难实现也应当尊重它。
ID—迭代交付	ID基因（Iterated Deliveries）指，为功能性增量持续开发部分解决方案。
IT—包容性思维	IT基因（Inclusive Thinking）指，企业要给性格内向但是能力出众的员工表达和贡献的机会，让员工直接张口说，不需要准备精彩的PPT。
JE—创建集体经验	JE基因（Joint Experiences）指，组织要创建积极的"共同记忆"，形成强烈的团队意识。
MC—创新热情	MC基因（Management Commitment）指，管理层的创新性思维和实践会对组织发展创造巨大贡献。
MM—找到意义	MM基因（MM - Make Meaning）指，组织要从发展目的出发，充分解答"为什么要创新"这个问题，让每个人都理解这么做的好处。
MP—目的决定方法	MP基因（Methods follow Purpose）指，为解决重复性问题，要拒绝方法上的教条主义，发展多机制系统。
MR—心存警觉、弹性创新	MR基因（Mindful and Resilient）指，在动态发展的企业环境中要管理破坏性因素，还要为创新实验提供支持，增大容错性。

续表

基因	基因概念＝指导原则
MS—辅助和支持	MS 基因（Mentoring and Sponsoring）指，组织要为创新团队保驾护航，让它免受"免疫系统"的攻击，并防止组织的官僚主义和传统工作流程限制创新团队。
PA—热情讨论、彼此适应	PA 基因（Passionate and Adaptable）指，团队间激烈讨论，协调新需求。
PD—坚定、持久	PD 基因（Persistence and Durability）指，当你确定某个客户需求很重要或者未来一定会被客户需要时，就要坚持不懈地追求这个目标，不要被外界声音所干扰。
PS—心理安全	PS 基因（Psychological Safety）指，要营造出包容的企业文化和工作氛围，员工可以自由表达观点和意愿。
RM—角色塑造	RM 基因（Role Modelling）指，组织管理者要以身作则，为创新铺平道路。
SD—自我管理、分散团队	SD 基因（Self-organized and Decentralized）指，在企业中以小型、分散、自我管理的团队形式灵活行事，取消大型、僵硬的部门划分和工作方式。
UC—以用户为中心	UC 基因（User Centricity）指，从用户端获取灵感和反馈，将公司所有的行动都集中于能够产生更多价值的地方。例如，描述用户的深层需求，将其作为今后工作的起点（"逆向思维"）。

"烟草专卖店"中的创新合作——烟草工厂

实地考察烟草工厂的现实发展情况

- 公司：实地考察→ https://tabakfabrik-linz.at
- 人员：实地访谈
- 地点：实地考察→林茨
- 内容：对于创新的关键问题

改造实现开放！

因改造而开放——这几个大字写在奥地利林茨烟草工厂的入口处。在斯文贾和丹尼尔眼中，这好像是一个大型建筑工地。他们站在这个旧工业基地的入口，看见一个挖掘机司机走进去。在大楼的 2 号门，他们遇到了身穿时髦夹克，打着领带的克里斯·穆勒（Chris Müller），他是这家工厂的厂长。他友好地欢迎两位从德国远道而来的客人，并带着他们参观工厂，以便他们更加了解这个工厂。"他看起来像个导演，但是又和导演不一样。"斯文贾心里琢磨，和丹尼尔一起跟着克里斯走。

克里斯解释说："在过去每台机器每分钟生产 8000 支香烟的地方，今天许多创新专家都会抽烟。"近些年，奥地利的烟草公司已经关停烟草专卖店，转型成为奥地利的数字产业、设计和创新中心。

20 世纪 30 年代，林茨的这家烟草工厂作为瑰宝被列入建筑名录，今天，这个正在发展建设的工业场所中有 1800 名员工。2025 年建成后，员工数量将达到 3000 人。克里斯对此十分自豪。这个占地 7 万多平方米的区域里容纳了 250 家公司和初创企业，为跨行业合作提供空间、机会和准则。

一行人穿过广场，经过原烟草"工厂"走到"车库"，负责该地区构思和开发的主管克里斯继续说，"这个工厂是在 90 年前大萧条期间分阶段建成的。如今，在对所有相关人员的系统化改造中，我们采用相似的策略不断发展。原则是：明确规则，不设障碍。这个工厂正在逐步振兴，我们坚定地秉持我们的理念——改造实现开放。"

多样化组织——核心优势

"从自生系统[①]的意义上说,各个分支领域应该尽可能自行发展、组织和维持自身,"克里斯解释道,"只有针对性促进跨学科合作,社会环境、经济环境和文化环境才能共同发展。这个烟草工厂就是各个分支领域的集合——一个合作性集团,其中,小型公司与大型公司合作,本地企业与国际企业联合,它们在一个独特的创新生态系统中合作。与其他同类型的创新中心不同,'烟草工厂'的组织类型具有多样性。该社群发展进程自上而下发起,又受到了从员工到领导自下而上的信赖,大家群策群力,让这套方法得到国际认可。它使这个原来的烟草工厂经过精心改造,转型为一个智能工厂。"

当他们走过嗡嗡作响的建筑机械时,克里斯提高声音,"现在这个广场正在剥除沥青地面,然后建设成草地。"一行人走到广场的另一端,斯文贾看到高高耸立的烟囱,还看见一辆红色的火车被卡在入口处。"这是一个艺术装饰,这里是工厂的入口,我们做成这样是为了提醒大家,这里以前是个烟草厂。"克里斯向大家解释。参观过程中,众人还看见了软件开发车间"云飞"。克里斯自豪地说:"这里是2号楼,收集太空数据,开发超回路驱动。"

车库里的实验——更干净、更数字化

回来说"车库"。"正如你们在这儿看到的,这个名字还是沿用了原来的名字:作为创新思想的摇篮,这里被改造成一个充满乐趣的实验场所,面向所有人开放。"克里斯看起来自信满满。他们一起走进这栋亮堂的建筑,这里其实也是一个"编码学校",为公司和私人培训编码人员。三人往里走,

---

[①] 维基百科将自体组织或自生组织定义为"一个系统自我创造和自我维护的过程"。

先后看到工业机器人、模型建造机和3D打印机。在这里，不管是小学生、大学生，还是研究人员和教育工作者，都可以参与实验。当然，安全问题也不容忽视。"没有经过培训的人不允许靠近机器。"克里斯解释说。在车库后面，一家公司正在举行一场设计思维研讨会，整个会场像个乱七八糟的客厅，墙上贴满了便利贴，一个一个小组正在激烈讨论。

这个场景让斯文贾想起了童年时祖父的木工车间。虽然看起来很像，但是气味不一样，祖父的木工车间满满都是木屑的味道，这里都是数字化机械，自然没有那种味道，而且要干净很多。突然，丹尼尔看见一张大海报，他在海报前停下，看着上看的大字：KUKA[①]——离机器人领域更近。这个研讨会是为了自主研发机器人项目召开的。"我也喜欢这个领域。"丹尼尔心想，他抬头看克里斯和斯文贾已经走远，在电梯那里等他，他急忙跟上去。电梯里，克里斯透露了自己的计划，想把烟草工厂变成一个面向所有领域和所有年龄段人的"数字化培训园"。

通向数字化未来的成功之路

"现在，我将给你们展示我们的'成功之路'。它是我们实现创新的主要通道，是初创企业、公司以及创新的'生产线'。"克里斯热情地说。斯文贾和丹尼尔满心好奇地跟着克里斯走出电梯，面前的景象有些不同寻常，旧式红色瓷砖地板白色斑马线，自行车迎面而来，到处是知名初创企业或公司的彩色霓虹灯LOGO，谁能想到在一个烟草工厂的二楼，占地230平方米的空

[①] 库卡（KUKA）机器人有限公司于1898年建立于德国巴伐利亚州的奥格斯堡，是世界领先的工业机器人制造商之一。库卡机器人公司在全球拥有20多个子公司，大部分是销售和服务中心，其中包括：美国、墨西哥、巴西、日本、韩国、中国、印度和绝大多数欧洲国家。公司的名字KUKA（库卡），是Keller und Knappich Augsburg的4个首字母组合，它同时是库卡公司所有产品的注册商标。——译者注

间内，竟然是此番景象，实在令人印象深刻。

众人沿着街道走，出乎意料的是，街道尽头突然出现一个明亮、开放的空间，看上去像是一个户外市场。年轻人们正坐在秋千上喝咖啡。灯笼、灯牌、涂鸦，这里像一个繁华的街区。"这是我们的室内花园。"克里斯解释说，"正如你们看到的，这里是一个供大家自发聚会、交流思想的地方。如果你还想继续参观，我可以带你们去看看我们的创业网'工厂300'，在那里，租户可以获得巨大空间来举办活动、赚钱或培训人才。"

据克里斯介绍，"工厂300"的道路图按主题划分，这些主题从现在到未来，内容包括虚拟现实、区块链、机器学习和人工智能等领域。在"工作和生活"板块，另一个重点是新的工作环境和公司，涉及终身学习、组织结构管理、性别差异或办公室架构等。其他企业将注意力放在社会创业领域，即以创新方式解决社会问题的商业理念，例如教育、环保、贫困或人权。

"你们还有时间吗？"克里斯问丹尼尔和斯文贾，他想邀请他们去"迷人的大象和瓷器店"（Charmanter Elefant & sein Porzellanladen）[①]餐厅喝杯咖啡。正要进去，他们看见门口贴着一张鲜红的海报，上面写着：公平购物。"哦，这里有一家杂货店。"斯文贾非常好奇。"不，你可以看看里面是为'WearFair'布置的，这里是奥地利最大的公平、可持续生活方式展览会。我们全年都会在这里举办会议、展览会和交易会。"克里斯顺便为他们介绍。

[①] 德语典故：17、18世纪，中国瓷器在欧洲风靡一时，深入欧洲各国民间百姓的生活中，成为当时的必用品。而大象是陆地上最大的哺乳动物，幽默的德国人将精巧细致的瓷器和粗笨憨厚的大象联系在一起。当大象那样的庞然大物进入狭小的瓷器店后，它一举鼻、一投足都会带来不可收拾的后果。后来人们常用"大象闯进瓷器店"来形容举止笨拙鲁莽。——译者注

全新的工作理念——创新在于多方位合作

他们点了意大利卡布奇诺和维也纳咖啡，继续交谈。"我的感觉是，您是在这里开发了一种全新的工作理念。在这里我们所知的传统公司已经不复存在，创新来自多方面的合作。您完全颠覆了我们对工作的认知，但是这能成功吗？"丹尼尔略有怀疑。

克里斯开怀大笑，然后正襟危坐开始解释："是的，我们的工作理念正在发生翻天覆地的变化。如今，员工在公司工作不再局限于具体的时间、地点，而是以主人翁的姿态不断参与不同的项目团队。这种新的工作方式需要新的、开放的、互联的工作空间。如今的'烟草工厂'就是一个全新的、现代化的跨部门合作基地，我们可以对社会、市场的新要求做出更加灵活的反应。"他说完向丹尼尔和斯文贾凑近了一些，自信地说："即使是德国建筑师、工业设计师彼得·贝伦斯（Peter Behrens）也早已明白，为了跟上日新月异的时代，企业必须给予实验自由。在规划建设'烟草工厂'时，他将这个理念付诸实践——他把'烟草公司'设计成开放、面积大、适应性强的空间。工厂的核心理念不仅仅是探索创新合作模式，也必须确保林茨作为生产地在国际上的竞争力。"斯文贾和丹尼尔边喝咖啡边认真地听他讲。

"能为社区做什么？"——角色代替职能

"任何人、任何公司都可以加入'烟草工厂'吗？还是说这得看谁给的租金高？"斯文贾追问。"我们对此十分重视，我们会密切观察谁适合加入工厂的创新生态中，我们会观察想要加入的人或企业能为工厂社区的进一步发展做出什么贡献。这意味着不是每个人都适合加入'烟草工厂'。在选择入驻企业和合作伙伴时，我们特别看中这个企业的组织结构，组织结构是否科学、平衡，在我们看来非常重要。"克里斯为斯文贾解释道，"为了准确识别合适的伙伴，我们还专门学习了 FASresearch 公司维也纳社会研究院的'角色概念'。"克里斯拿起咖啡桌上的一份报告打开，里面是一张横向 8 字图。他指着这个图片说："这个 8 字图就描述了成功发展生态系统需要的 12 种角色（见图 4-5）。"

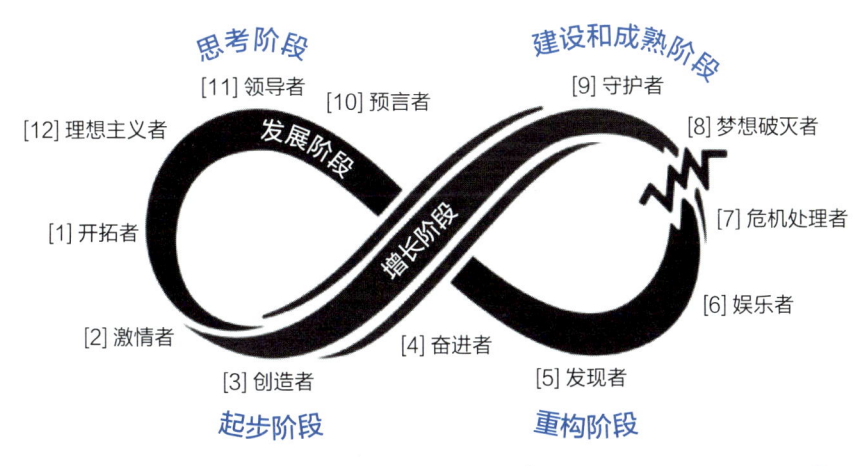

图 4-5　成功发展生态系统需要的 12 种角色（来源：FASresearch 公司）

成功发展生态系统需要的 12 种角色

1. 开拓者、发现者、先驱者、研究者
2. 充满激情的工匠、业余爱好者
3. 有创造力、想象力的艺术家、工程师、手工艺人
4. 敢于拼搏的运动员、进取者、企业家、活动家、反叛者
5. 决策者、投资者
6. 艺人、小丑、丑角
7. "麻烦"制造者、破坏者、竞争者
8. 幻想破灭的人、孤儿
9. 守护者、倡导者、治疗者、联络者

> 10. 有远见的人、先知
> 11. 导师、智者、哲学家
> 12. 理想主义者、梦想家

克里斯继续解释，斯文贾在笔记本上画了几道，问克里斯："所以布吕尔找了我们8种类型的人出来游学？"丹尼尔好像也明白了，补充说："我们管理团队中有孤儿、有失意者，但是破坏者和竞争者一半来自外部。""才不是，有时候我觉得竞争者就在我们身边。"斯文贾说。

克里斯兴致勃勃地听两人说完，继续说："我们的社区最根本的不是功能，而是社区中不同角色之间的相互作用。因此，我们特意选择不同的参与者，这样入驻的公司和合作伙伴才能实现定期互动，确保每个人或公司都能为社区的合作作出贡献。我需要强调一点，个人或公司为社区作出贡献比社区为个人作出贡献更重要，因此，社区的看护人需要时刻警惕这一点。许多公司没有这个角色，但是这个角色在我们社区却非常重要，他可以保障社区公开、透明、可持续发展、时时焕发生机与活力，并且还能管理社区。"

"在构建这些角色的过程中有遇到什么挑战吗？"丹尼尔问。克里斯想了想说："嗯……烟草工厂的传统理念对创新有所阻碍。一方面，当时我们还没有完成转型；另一方面，建立一个创新生态系统在当时是一个全新的事物。来到我们这儿的合作伙伴或访客看到的非常片面，在他们看来，这里就是一个现代化的空间或者是一个创新活动场地。并不是每个人都能从大局出发看到其战略意义。新事物往往要经过检验才会被接受。"

合作的力量——完整、创新的解决方案

最后，克里斯给丹尼尔和斯文贾讲了一个故事，告诉他们为什么他对合作的力量深信不疑。"故事是这样的：一个年轻女孩从出生起就患有一种主

要影响肺部的遗传代谢病，这种病最害怕吸入细小的灰尘颗粒。这个年轻女孩的遭遇激励我积极开始'烟草工厂'的网络化建设，同时积极融入世界，并建立 ATMOS 电子频闪喉镜检查系统。我开始呼吁建立社区，很快，一个由医生、初创企业和公司组成的同行业研究小组开始交换意见并开始研究新观点。"斯文贾听得很认真，"后来发生了什么？"他问。

克里斯继续说："众所周知，每个人对劣质空气和空气中的颗粒物的敏感度不同。今天，世界各地的测量站和卫星数据可以为我们提供各地空气的实时数据。我们计划开发一种人工智能机器，结合科技提供的数据和个人需要，帮助我们分析世界各地的实时空气质量状况。这将是一个新的里程碑——为肺病患者提供'导航系统'，当然，健康的人也可以使用这个系统。你们知道吗？现在全世界每 10 个人中有 9 个人的居住环境空气质量很差。"丹尼尔打断了克里斯，开玩笑说："听上去有些讽刺，这个为肺病患者提供的解决方案竟然是在一个旧烟草工厂里提出的，不是吗？"三个人都笑了，相互道别。丹尼尔和斯文贾穿过红色火车车厢离开烟草工厂，他们即将返回黑森林。

在"烟草工厂"找到的创新基因

面向未来的小飞跃——在第 7 章中，管理委员会成员将一起讨论他们在实地考察时看到的那些创新企业的行动指导原则，并将他们在这次游学中发现的创新基因总结如下（见表 4-6）：

表 4-6 烟草工厂的创新基因

基因	基因概念 = 指导原则
AA—部门内自主与部门间协调	AA 基因（Autonomy and Alignment）指，一个组织要兼容"部门自我管理"和"部门间协调一致"。

续表

基因	基因概念 = 指导原则
AR—雄心与决心	AR 基因（Ambitious Relentlessness）指，要有雄心，认真寻找属于自己的独特地位或让自己处于战略上的有利地位。
AT—适应性转型	AT 基因（Adaptive Transformation）指，一个组织要对内部改革和外部改革的必要性反应灵敏、迅速适应，要第一时间发现组织的改革需求。
BR—打破传统	BR 基因（Breaking Rituals）指，企业要大胆质疑现有的认知、思维和评价模式。
CA—文化意识	CA 基因（Cultural Awareness）指，企业要能识别、发展不成文的规章制度、工作模式和企业文化。
CC—客户共创	CC 基因（Customer Cocreation）指，让客户或用户主导创新过程，运用跨学科手段解决问题。
CE—好奇与热情	CE 基因（Curiosity and Empathy）指，创新实验室要对人的思想、情感、价值观和行为方式充满好奇，并且保持中立的态度。
CF—持续支持	CF 基因（Consequent Facilitation）指，企业要确保持续性的支持。
CL—不断学习	CL 基因（Continuous Learning）指，保持永不满足的好奇心。
CM—能力匹配	CM 基因（Capability Matching）指，企业要学会将合适的合作伙伴放在合适的时间和地点。
CP—敢于行动、抓住重点	CP 基因（Commitment and Pivoting）指，企业要致力于形成战略路线，在执行过程中不断交流，收集意见不断完善，如果方向有偏差，也要敢于及时矫正方向。
CR—敢作敢为、承担风险	CR 基因（Courage and Risk Taking）指，勇敢承担不确定性、模糊性，没有领导的批准和认可也敢于出发；尚无成功经验也敢于开辟新路。
CS—创造空间	CS 基因（Creative Space）指，为创新性思想和实践创造有利环境。
DE—脱离企业、保持距离	DE 基因（Distance and Excentricity）指，创新基地要与公司总部分离开，新事物要脱离企业文化的影响和限制才能成功。

续表

基因	基因概念 = 指导原则
DS—转移重心	DS 基因（Domain Switch）指，企业要学会将现有的能力和技术转移到新的应用领域。
DT—团队多样化	DT 基因（Diverse Teams）指，以目标为导向，随时在企业内外寻找具有非凡的专业能力、具备团队工作素质的新人才。
EE—探索和实验	EE 基因（Explore and Experiment）指，亲自定义"自由空间"并亲自尝试，这样企业就会知道边界在哪里。
EI—热衷发明创造	EI 基因（Eagerness to Invent）指，企业要有发展壮大的雄心，有敢为人先的魄力，敢于开发新事物，敢于直面差异化，有为客户提供独一无二的产品或服务的愿望。
EM—员工流动	EM 基因（Employee Mobility）指，员工在企业生态系统中可以随时改变工作时间、工作地点和工作内容。
FF—集中力量	FF 基因（Focus Fulltime）指，要将团队资源集中在一个项目上，不要让几个项目同时分割企业资源。
FR—灵活的角色	FR 基因（Flexible Roles）指，允许组织中不同的人灵活承担不同的任务和角色，不需要受制于等级制度。
GM—成长思维	GM 基因（Growth Mindset）指，组织不是一个成品，而是一个不断优化、不断发展的活的有机体。
HA—超越意识	HA 基因（Hyper Awareness）指，决策要依据数据和信息，而不是直觉。
IA—个人欣赏	IA 基因（Individual Appreciation）指，以欣赏的眼光看待创新，即使很难实现也应当尊重它。
ID—迭代交付	ID 基因（Iterated Deliveries）指，为功能性增量持续开发部分解决方案。
JE—创建集体经验	JE 基因（Joint Experiences）指，组织要创建积极的"共同记忆"，形成强烈的团队意识。
MC—创新热情	MC 基因（Management Commitment）指，管理层的创新性思维和实践会对组织发展创造巨大贡献。

续表

基因	基因概念＝指导原则
MP—目的决定方法	MP 基因（Methods follow Purpose）指，为解决重复性问题，要拒绝方法上的教条主义，发展多机制系统。
MS—辅助和支持	MS 基因（Mentoring and Sponsoring）指，组织要为创新团队保驾护航，让它免受"免疫系统"的攻击，并防止组织的官僚主义和传统工作流程限制创新团队。
MT—大胆想象	MT 基因（Moonshot Thinking）指，大胆想象！——有意识地大胆想象，让新想法帮助自己重新思考问题。
ON—开放型网络	ON 基因（Open Networks）指，各方面参与者协同合作，建立一个开放网络，确保各方知识、技术能够转化为企业的创新能力。
PD—坚定、持久	PD 基因（Persistence and Durability）指，当你确定某个客户需求很重要或者未来一定会被客户需要时，就要坚持不懈地追求这个目标，不要被外界声音所干扰。
PM—问题挖掘	PM 基因（Problem Mining）指，深入分析某一应用领域问题所在并开发出新的解决方案的能力——有时，我们需要挖掘的问题远远超出现有的问题。
PS—心理安全	PS 基因（Psychological Safety）指，要营造出包容的企业文化和工作氛围，员工可以自由表达观点和意愿。
RD—减少防御	RD 基因（Reduce Defence）指，暂时推翻组织的"免疫系统"，停止追求稳定的企业文化。
RS—简化流程	RS 基因（Reduce and Simplify）指，尽可能简化过程，满足基本需求的同时防止出现重复、复杂的流程。
SC—展示案例	SC 基因（Show Casing）指，展示具体、生动、鲜活的实践案例，引导潜在客户在他的领域（行业领域、工作领域、研究领域）里应用新的实践或生产理念。
SD—自我管理、分散团队	SD 基因（Self-organized and Decentralized）指，在企业中以小型、分散、自我管理的团队形式灵活行事，取消大型、僵硬的部门划分和工作方式。

续表

基因	基因概念 = 指导原则
ST—初创思维	ST 基因（Startup Thinking）指，企业要永葆初创思维，引导员工的思维和行动一直处在"动态前进"的方向上。
UC—以用户为中心	UC 基因（User Centricity）指，从用户端获取灵感和反馈，将公司所有的行动都集中于能够产生更多价值的地方。例如，描述用户的深层需求，将其作为今后所有现实问题的起点（"逆向思维"）。

让偶然成为必然——"工厂城"

实地考察"工厂城"的现实发展情况

- 公司：实地考察→https://www.lawerkstadt.ch
- 人员：实地考察与虚构结合
- 地点：实地考察→比尔
- 内容：创新的关键问题

学习创新创业

经过漫长的车程，海因茨和塔雅迫不及待地想要大施一番拳脚。他们现在要去的地方叫比尔，是瑞士最大的双语城市。比尔位于伯尔尼州，是瑞士制表产业和创意产业之心。两人刚下火车，就一起沿着站前街向吉桑广场走去，沿途欣赏市中心独特的建筑。海因茨有点心不在焉，没有看到身旁的三角形支架，不小心把广告板撞倒了。"你不会错过任何事的，放心吧！"塔雅弯腰帮他把广告板扶起来，眨巴着眼睛说。那个广告板上赫然写着：学习创新创业——为创业之路收获新技能。"啊哈！这不就是我们来比尔想找的东西吗？"海因茨高兴地脱口而出。

创新之路——在咖啡馆测试创新项目

塔雅和海因茨好奇地看向面前的两个大玻璃窗和银色的入口。显然，这家商店的门面和站前街其他商店的门面一样。"这是家什么店呢？"塔雅猜不出来。"看起来像一个咖啡馆。"海因茨说。他们打算直接进去寻找真相。里面被装修成了一个氛围轻松的客厅，4个学生正坐在沙发上用法语讨论着什么。正前方有一个像是酒店前台的地方，旁边放着几张桌子和椅子，六七个年轻男女正盯着笔记本电脑工作。后面的区域也有活动正在进行。"不进来不知道，里面这么多人呢！"塔雅很惊讶。话音刚落，一个年轻女士收起笔记本电脑朝他们走来。

"你们好，欢迎光临，我叫妮可（Nicole）。你们是来做测试的吗？"她问道。"测试？不好意思，我们是从德国来的，想进来看看这里卖什么。"塔雅回答。妮可听了笑了，说道："是这样的，我们这里不卖东西！这里是一个'工厂城'，为个人、企业家和公司提供创新实验基地。每个人都可以在这里找到他们未来成功需要的东西。这里有创意空间、研讨会、培训班，还有由不同的人、企业和项目组成的创新生态系统。"

创意主管和问题解决主管

"要不你们先坐？我让马克（Marc）过来，他是我们这里最优秀的创新主管。"说着，妮可向正坐在接待处打电话的年轻人挥手致意，马克坐在绿色沙发上。"我是'你好'数据科技股份有限公司的创新主管，我们本周正在举办一个主题为'机械工程4.0'的设计竞赛。在我公司里，大家不太好想到一个传统的机械公司如何向数字化发展转型，更想不到如何做才能实现这一点。所以，我们也是第一次来到这里，尝试使用'工厂城'的资源进行创新实验。"妮可说。

"在我们公司，组织不起来这样的活动。幸亏我们在这里遇到了马丁（Martin），他给我介绍了合适的人主持这场创新竞赛。我负责组织客户和部分专家。你可以看到我们的工作小组在后面，他们正在与客户测试机器物联网应用的第一个原型，所以我刚刚看到你们进来，以为你们也是来参加测试的。"

马克挂了电话，起身走过来。"这是马克，他会为你们详细介绍这里。"妮可友好地为他们引荐马克，随后道了声"再见"，匆匆赶回她的工作小组。

发现偶然、实现偶然——让梦想成真

"欢迎你们来到这里！"马克对来客非常友好、热情，"'工厂城'是经过精心设计的，创新点子在这里相遇、交流、合作。正如你们所看到的，我们希望尽可能降低门槛，让每个有创新想法的人都来到这里获得灵感，也为他人的创新问题提供宝贵的意见。这里就像是哈里森·欧文（Harrison Owen）[①]的'开放空间'……你们听说过'开放空间技术'吧？"马克问，塔雅点点头。

"我们想在这里创造偶然性，"马克继续说，"我们想给'奇思妙想'一个家。可以说，我们是在助力'偶然性'成为现实，这在传统公司中很少能实现。2016年秋季我们在比尔的市中心创立了这个'工厂城'，此后，这个创新社区就成了比尔生机勃勃的创新平台，这里共有9层，为公司、经理人、企业家、大学生以及擅长横向思维的人提供一个创新场所，一个将想法变成现实的地方。其中，1楼是'工厂城'的'心脏'，主要进行创意交

[①] 哈里森·欧文（Harrison owen），开放空间技术的创始人。开放空间技术（Open Space Technology）就是创造出一个可以相互讨论的平台，让人们勇敢地说出各自的想法，也倾听别人的意见，从而集思广益，解决冲突，达成共识，做出行动决策。——译者注

换——社区成员一起交流思想、喝咖啡、工作，或像妮可的工作小组那样，在这里获得客户反馈。往上，各个合作伙伴公司、区域小公司、应用技术大学、瑞士电信公司、企业家、创客以及擅长横向思维的人，在那里可以深入地进行开放合作。"

"这个主意真不错！"塔雅十分兴奋。"在黑森林也可以这么做，我们在老城区租一家环境舒适、客流量大的小店……""这样做好吗？我可担心我们的布吕尔先生听了会是什么反应。"海因茨冷笑着说。

马克笑着说："但是，这只是其中一方面。我们更大的目标是，让我们近250名成员成功实现自己的创新项目。我们有人、流程和空间，可以充当项目的促进者。我们的社区管理——即彼此组成的随机网络，为创新项目的成功创造了基础。只是聚在一起还不足以实现创新，除了培训，我们还与项目主持人一起发起项目，并在整个创新项目实验过程中陪伴我们的成员。因此，许多人都能认识到开放式合作创造的价值所在。""但是，瑞士电信有什么可创新的呢？"海因茨问。

马克想要进一步解释这个问题，就邀请塔雅和海因茨参加"沙龙：网络活动家和暗网发展"。"这个活动上的专家有独特的洞察力，可以带你们了解互联网隐藏的黑暗的一面"。这时，马丁和同事迈克尔（Michael）正巧从电梯里出来，马克向两个人打招呼，问他们是否愿意跟他去参观一下。

电梯正往7楼攀升，马丁利用这个时间为两位访客介绍了一下瑞士电信公司在这里进行的项目，"在数字化和全球化不断发展的时代，透明度、与客户合作的密切度对瑞士电信来说越来越重要。'工厂城'做到了合作网络化。我们设计并展示创新文化、合作类型和与客户互动的新形势。一分耕耘一分收获，我们的成员和我们共同的经验是，要想实现与合作伙伴、客户共同创造，就需要成熟的流程和空间。这就是我们创办'工厂城'的初衷——为客户设计互动。在这里我们可以接触到真实的客户，真实的互动、体验比完成交易更重要。因为这不是销售问题，而是如何能为客户提供一个更大的空间和机会来创造积极体验的问题。"

收集客户反馈——越多越好

"但是，它是如何运作的呢？有明确的商业运作分工吗？"海因茨问道。马丁说："反馈是我们最重要的财富。我可以举个例子，我的同事史丹菲（Steffi）是一个完美的'女主人'，她负责管理这里的饮料和设备等。同时，她也是个企业家，一旦涉及具体的商业理念，她的见解独到、经验丰富。但是她对'用户体验'（User Experience）和'客户旅程'（Customer Journey）这些概念不是很了解，在这方面，我们为她提供帮助。我们能为她提供的反馈越多，对她公司的产品开发就越有利！"

"这家咖啡店也是做这个的吗？"海因茨问。"好问题！没错。实际上，4年前我们就计划在'工厂城'这么做了。从那时开始，我们积极与个人、企业以及应用技术大学建立联系，让他们以客户的角色参与我们的开发过程，给我们提供反馈。他们可以为项目定位和运作提供宝贵信息，所以我们打算持续做下去。"

"对我们来说，获得有效反馈是成功的关键。在某种程度上，我们自己就在实施开放式的'共同创造'，这也是我们设计的客户接触网络的原型。自我们成立初期以来，我们作为开放式'共同创造'和建立接触网络这两个方向的项目原型持续变化，获得了长足发展。社区建设让我们在流程管理和合理利用空间方面获得了众多宝贵经验。例如，一开始我们不知道如何平衡开放式创新和封闭式创新，我们必须通过实验找出公共创新空间的运作方式。"

"这迫使我们不断优化服务和产品。刚开始，我们的社区只有一间房子，那时我们只提供研讨会和咨询服务。如今，我们已经发展为一家培训和咨询精品店，比尔的环境非常适合我们发展。但是，在企业形象建立方面，我们还差得很远。"马丁解释说。

"我想知道妮可的团队怎么样了？"塔雅突然问，"他们商量出结果了吗？"这时，马克刚好在 1 楼，朝他们挥手，说"沙龙"开始了。他们一起下楼，正好赶上第一个话题。海因茨和塔雅非常好奇哪些人活跃在互联网上，他们的目标是什么。他们听到了电信公司如何应对网络问题，他们对暗网产生的影响和背后可能形成的非法市场感到非常惊讶。

在"工厂城"参观了近 4 小时，两人向马克告别。正往外走，又碰到了妮可。"她正在和团队说什么时候开晚间会议。"海因茨开玩笑说。"哈哈哈，不知道为什么，我感到这里每个人都很喜欢在这里工作。"塔雅说。

在"工厂城"找到的创新基因

面向未来的小飞跃——在第 7 章中，管理委员会成员将一起讨论他们在实地考察时看到的那些创新企业的行动指导原则，并将他们在这次游学中发现的创新基因总结如下（见表 4-7）：

表 4-7 '工厂城'的创新基因

基因	基因概念 = 指导原则
AA—部门内自主与部门间协调	AA 基因（Autonomy and Alignment）指，一个组织要兼容"部门自我管理"和"部门间协调一致"。
AR—雄心与决心	AR 基因（Ambitious Relentlessness）指，要有雄心，认真寻找属于自己的独特地位或让自己处于战略上的有利地位。
AT—适应性转型	AT 基因（Adaptive Transformation）指，一个组织要对内部改革和外部改革的必要性反应灵敏、迅速适应，要第一时间发现组织的改革需求。
BR—打破传统	BR 基因（Breaking Rituals）指，企业要大胆质疑现有的认知、思维和评价模式。
CA—文化意识	CA 基因（Cultural Awareness）指，企业要能识别、发展不成文的规章制度、工作模式和企业文化。

续表

基因	基因概念＝指导原则
CC—客户共创	CC 基因（Customer Cocreation）指，让客户或用户主导创新过程，运用跨学科手段解决问题。
CE—好奇与热情	CE 基因（Curiosity and Empathy）指，创新实验室要对人的思想、情感、价值观和行为方式充满好奇，并且保持中立的态度。
CF—持续支持	CF 基因（Consequent Facilitation）指，企业要确保持续性的支持。
CL—不断学习	CL 基因（Continuous Learning）指，保持永不满足的好奇心。
CM—能力匹配	CM 基因（Capability Matching）指，企业要学会将合适的合作伙伴放在合适的时间和地点。
CP—敢于行动、抓住重点	CP 基因（Commitment and Pivoting）指，企业要致力于形成战略路线，在执行过程中不断交流，收集意见不断完善，如果方向有偏差，也要敢于及时矫正方向。
CS—创造空间	CS 基因（Creative Space）指，为创新性思想和实践创造有利环境。
DE—脱离企业、保持距离	DE 基因（Distance and Excentricity）指，创新基地要与公司总部分离开，新事物要脱离企业文化的影响和限制才能成功。
DS—转移重心	DS 基因（Domain Switch）指，企业要学会将现有的能力和技术转移到新的应用领域。
DT—团队多样化	DT 基因（Diverse Teams）指，以目标为导向，随时在企业内外寻找具有非凡的专业能力、具备团队工作素质的新人才。
EC—轻松处理问题、庆祝阶段性胜利	EC 基因（Easyness and Celebration）指，组织能以游戏的方式轻松地处理复杂、有挑战性的问题，并庆祝阶段性胜利。
EE—探索和实验	EE 基因（Explore and Experiment）指，亲自定义"自由空间"并亲自尝试，这样企业就会知道，边界在哪里。
EI—热衷发明创造	EI 基因（Eagerness to Invent）指，企业要有发展壮大的雄心，有敢为人先的魄力，敢于开发新事物，敢于直面差异化，有为客户提供独一无二的产品或服务的愿望。

续表

基因	基因概念 = 指导原则
EM—员工流动	EM 基因（Employee Mobility）指，员工在企业生态系统中可以随时改变工作时间、工作地点和工作内容。
FF—集中力量	FF 基因（Focus Fulltime）指，要将团队资源集中在一个项目上，不要让几个项目同时分割企业资源。
HA—超越意识	HA 基因（Hyper Awareness）指，决策要依据数据和信息，而不是直觉。
IA—个人欣赏	IA 基因（Individual Appreciation）指，以欣赏的眼光看待创新，即使很难实现也应当尊重它。
ID—迭代交付	ID 基因（Iterated Deliveries）指，为功能性增量持续开发部分解决方案。
MC—创新热情	MC 基因（Management Commitment）指，管理层的创新性思维和实践会对组织发展创造巨大贡献。
MP—目的决定方法	MP 基因（Methods follow Purpose）指，为解决重复性问题，要拒绝方法上的教条主义，发展多机制系统。
MS—辅助和支持	MS 基因（Mentoring and Sponsoring）指，组织要为创新团队保驾护航，让它免受"免疫系统"的攻击，并防止组织的官僚主义和传统工作流程限制创新团队。
MT—大胆想象	MT 基因（Moonshot Thinking）指，大胆想象！——有意识地大胆想象，让新想法帮助自己重新思考问题。
ON—开放型网络	ON 基因（Open Networks）指，各方面参与者协同合作，建立一个开放网络，确保各方知识、技术能够转化为企业的创新能力。
PD—坚定、持久	PD 基因（Persistence and Durability）指，当你确定某个客户需求很重要或者未来一定会被客户需要时，就要坚持不懈地追求这个目标，不要被外界声音所干扰。
PM—问题挖掘	PM 基因（Problem Mining）指，深入分析某一应用领域问题所在并开发出新的解决方案的能力——有时，我们需要挖掘的问题远远超出现有的问题。
PS—心理安全	PS 基因（Psychological Safety）指，要营造出包容的企业文化和工作氛围，员工可以自由表达观点和意愿。

续表

基因	基因概念＝指导原则
RS—简化流程	RS 基因（Reduce and Simplify）指，尽可能简化过程，满足基本需求的同时防止出现重复、复杂的流程。
SC—展示案例	SC 基因（Show Casing）指，展示具体、生动、鲜活的实践案例，引导潜在客户在他的领域（行业领域、工作领域、研究领域）里应用新的实践或生产理念。
ST—初创思维	ST 基因（Startup Thinking）指，企业要永葆初创思维，引导员工的思维和行动一直处在"动态前进"的方向上。
UC—以用户为中心	UC 基因（User Centricity）指，从用户端获取灵感和反馈，将公司所有的行动都集中于能够产生更多价值的地方。例如，描述用户的深层需求，将其作为今后所有现实问题的起点（"逆向思维"）。

领导力 DNA——AWS

实地考察 AWS 的现实发展情况

- 公司：实地考察→ https://aws.amazon.com/de
- 人员：匿名
- 地点：实地考察→柏林
- 内容：对于创新的关键问题

最后一站——参观国际 IT 巨头 AWS

周一，唐古拉的管理团队就开始从黑森林出发，前往德国、奥地利和瑞士的各个创新热点地区。经过一周的紧张工作，他们在星期四晚上到达柏林，第二天早上在酒店碰面时，斯文贾很兴奋：AWS 又有什么惊喜在等着她呢？这个国际 IT 行业的企业巨头是如何实现创新发展的？

当一行 6 个人一起来到 AWS，斯文贾首先感受到的就是这个公司的谦虚和低调。"这个公司好像比较低调。"她说。的确，在公司的入口处，只有一个很小的门牌，门牌下面是一个更小的铃铛。作为一家在 DAX 30[①] 中超过 80% 企业的上市企业，AWS 使用的是亚马逊网络服务云技术，一方面加快市场进入速度，同时降低成本，支持其全球业务。

进入公司，一位年轻女士热情地迎接他们。大门正对面的背景墙上挂着两个大屏幕，正循环播放 AWS 云服务成功为客户提供各项服务的纪录片。

通往成功的路上——创新越来越重要

访客登记时，塔雅看到屏幕上正播放一位年轻母亲的故事，她很感兴趣。这位母亲研发了可重复使用与清洗的尿不湿，已经在亚马逊上线销售。凭借这一"智慧父母的最佳选择"，她已经成功建立起手工作坊，专门生产这种尿不湿。她和丈夫有 3 个孩子，作为母亲，她深知一次性尿不湿有多么浪费。接着，大屏幕上展示了一个与大型企业成功合作的案例：将大众汽车生产基地与 AWS 云服务连接。"我从未想过，云服务应用如此多样化，不管对尿不湿销售还是大众汽车生产基地的全球化发展，都能发挥重要作用。"塔雅对此感到非常惊讶，"不过，我们今天来这儿也正是为了了解这些。"

塔雅看着大屏幕正入神，丝毫没有察觉到大家都在等她。"嘿，塔雅，该走了！"海因茨朝她喊。他们一起穿过狭窄的走廊，在一扇玻璃门前等待。"这里像是一座圣殿，需要一点一点探寻，在里面寻找成果的圣杯。"丹尼尔看上去很冷静。"我想知道这些重要的成果，都蕴含着哪些创新基因？"斯蒂芬很困惑。

---

① 德国 DAX 指数是德国重要的股票指数。该指数中包含有 30 家主要的德国公司。
——编者注

"PPT 的作用只是演示"——备忘录给员工更多发言机会

这时，通往下一个门廊的门打开了，他们终于到了。麦克（Mike）热情地欢迎他们的到来，他是一位具有国际背景的电子商务专家。大家在房间中央的一张大桌子前围坐下来。正如预期的那样，麦克打开 PPT 开始演讲——麦克说，只有在一些特定场合才会用到 PPT。

"我们的原则是：PPT 的作用只是演示。在我们这儿，PPT 的模板漂不漂亮不重要，重要的是 PPT 的内容精不精彩！你们可能从一些商业顾问那里看到了一些制作得很棒、看起来丰富多彩的 PPT 文稿，但其中不乏一些徒有其表、内容空洞的演讲。我们在演示的时候也会用 PPT，但不是为了讨论和决策。我们会先把想法以纯文本的形式写成备忘录——有完整的句子、标题，但是还没有摘录出要点。我们的员工都以这种方式提出自己的想法，甚至他们还有机会作为'领导者'带领其他人去实施自己的想法。这些备忘录会被打印出来，在会议开始前发给参会人阅读——所以会议刚开始时，会议室一般都像安静的阅览室一样。在会议开始前分发备忘录让大家阅读，可以保证大家有充足的时间阅读，不然，大家都很忙，如果让大家利用其他时间阅读，很可能腾不出时间来。只有真正读过备忘录，大家才会产生想法。一些有能力但是比较内向的员工也可以借此贡献自己的想法。"麦克向大家解释了这家数字化 IT 巨头高效召开会议的方法。

领导力 DNA——实现创新多样性

我们继续看下一张幻灯片，它讲述了公司成立以来一些令人印象深刻的故事。1994 年，杰夫·贝索斯（Jeff Bezos）创立亚马逊公司时，只有 9 名员工，他们用UPS①给客户运送包裹。"这个创业故事一定会让布吕尔先生想起他的祖父创立唐古拉的历史。"史蒂芬心想。但是时代潮流奔流不息，新事物接踵而至。"先是'世界上最大的书店'，后又有最大的云服务提供商——亚马逊网络服务，简称AWS。这些还不够：还有电子书Kindle，亚马逊Prime Video②、音乐以及Amazon Go③。"麦克说。"是啊，我每天早上都会用到Alexa④。"海因茨立即说。"回头看，这些发展都有共同的线索，但仔细看，其实有一些混乱。"史蒂芬对身边的佩尔低声说。

"在AWS，创新不是集中在某时某刻发生的，它在组织中无处不在。"麦克好像听到了史蒂芬的话，解释道："因为在我们公司，每个人都可能成为项目的领导者。"他边说边打开下一张幻灯片，这张幻灯片成功吸引力斯文贾的注意力，上面是一个有14个碱基对的双螺旋DNA，幻灯片的标题是：领导原则。

真正做到以顾客为中心——最重要的领导基因

"公司成立时，我们确立了重要的领导原则——'第一天'原则，让公司始终保持初创企业的思维方式。这个领导原则今天仍然有效，它不是裱在相框里挂在墙上就完事了，而是实实在在被大家践行的箴言。虽然这条原则

---

① UPS（United Parcel Service, Inc. 美国联合包裹运送服务公司）成立于1907年，总部设于美国佐治亚州亚特兰大市，是全球领先的物流企业，提供包裹和货物运输、国际贸易便利化、先进技术部署等多种旨在提高全球业务管理效率的解决方案。——译者注

② 亚马逊的Prime Video是一家国外流媒体平台。——译者注

③ Amazon Go是亚马逊推出的无人便利店，Amazon Go颠覆了传统便利店、超市的运营模式，使用计算机视觉、深度学习以及传感器融合等技术，彻底跳过传统收银结账的过程。——译者注

④ 亚马逊公司出品的人工智能助手。——编者注

对大家提出的要求有些高，但是这就是我们工作的准则。"麦克说，"这条领导原则充分体现了'顾客至上'的公司理念，公司全心全意为客户服务，这体现在公司文化和公司制度的方方面面。我们公司现在有许多不同的业务，为客户提供不同的产品和服务。我们有在线产品，也有云服务，我们有亚马逊线上店，也有线下的零售店。尽管商业模式不同，但是都是为了让客户更加喜欢我们。"麦克详细地对公司的领导原则进行解释，他还说："许多公司也努力想做到以客户为中心，但是实际行动却差强人意。我们希望通过建立公司的经营理念和运行机制，确保真正做到以客户为中心。随着公司规模不断扩大，员工工作的积极性和创新性会越来越难保持。他们会更加倾向于探索如何提高现有工作效率以及如何完善现有工作流程。但是，客户对我们现有的工作并不感兴趣，因为他们需要新问题的解决方案，这就使得公司发展面临挑战。因此，客户才是我们创新的真正动力。""幸好我们有布吕尔先生，他就是一个不满足于现状的人，不断要求我们提供给他新东西。"史蒂芬自言自语，但是其他人还是听到了，纷纷点头表示同意。

"反向工作法"——AWS 的必修课

"我们客户还特别喜欢我们的另一条原则'反向工作'，"麦克继续说，并详细为大家解释，"除非是新闻稿，否则我们不会对新产品和服务制定任何愿景，我们会反思 5 个问题。"此时，麦克打开一张新的幻灯片：

"反向工作法"五问

1. 客户是谁？
2. 客户遇到什么问题？我们能给客户提供什么样的机会？
3. 是否清楚客户的核心利益？

> 4. 如何找准客户需求？
> 5. 预估客户体验如何？

"当我们打算开始一项新服务时，我们会询问客户，以客户需求为中心。"麦克说，"我们一直致力于获得客户信任。产品对客户有吸引力吗？如果我是客户，我会购买该产品或服务吗？只有考虑清楚这些问题后，我们才会开始研发，一旦目标确定，再难我们都会坚持下去。客户的喜爱就是我们奋斗的意义。"

"直面不同声音"——坚持不懈、目光长远

"当然，百分百以客户为中心是我们一贯的追求——'发明与简化'，"麦克继续说，"我们喜欢把事情简单化、明确化，为客户提供独特的产品。"唐古拉开发部经理海因茨点点头。

"企业还得有接受'被长期误解'的勇气，"麦克补充道，"当我们处理一些新事物时，一定会被其他人质疑，这时，我们要有长期与这些声音斗争的勇气。如果做不到这一点，那就不要去创新了，因为再好的想法，都会有人站出来反对。公司成立初期，我们想让购买过产品的客户积极写评语，有些人不同意这样做，因为他们担心客户会写负面评语。于是，有人就建议我们只展示好的评语。""这也是唐古拉在销售产品方面遇到的问题。"塔雅想，并继续认真听麦克说话。

"但是我们认为，我们不能只展示正面的评论，而是应该尽可能支持客户的购买决定。杰夫建议我们对着镜子诚实地问自己，客户的意见是正确的吗？有则改之无则加勉。同时，创新还需要有面对'不同意见和评价'的勇气，也就是说，面对不同意见，要敢于沟通，一起商讨出最佳方案。"

麦克继续说："创新还需要'长期思维'。一个项目或许需要将目光放

到 2~3 年之后。因此，我们做项目十分有耐心，总是以长远目光看待问题。""实际上我们也这么做。"斯文贾同意麦克的说法。

"第一天精神"——初创企业的第一天

"尽管如此，我们尽可能培养员工的'第一天'精神，希望员工每天工作都像是在一个初创企业里第一天上班那样。同时，我们坚决与'明天'作斗争。"麦克说，"一方面，我们的员工大约有数十万人，他们来自世界各地，我们需要为此建立全球化的组织结构、收集全球化数据和指标。这种组织结构对我们非常重要，因为它是让我们成功的必要保证，可以为我们的工作提供必要的'范围和标准'。"丹尼尔和海因茨非常赞同，纷纷点头。

"与此同时，我们需要坚决摒弃'明天'思维，这意味着拖延，员工在这种思维影响下，会失去灵活性和创业精神。作为一个初创企业，企业中的每个人都需要与客户直接接触——当然，大公司已经不再会这样。因此，我们将自己看作一个秉持'第一天'精神的公司，可以同时兼顾发展规模和发展范围。"麦克说"有些学术文献将这个特点称之为'灵巧型企业'，意思是，一个组织兼具高效工作和创新能力两种特质。"斯文贾低声给海因茨解释。"现实中真有这样的企业吗？"海因茨叹了口气。

"两披萨"团队——如何让实践更敏捷

"为了保持'第一天'精神，我们实行'两披萨'规则，根据这条规则，每个团队的人数不应该超过吃两块美式大披萨的人数。我们没有传统项目，而是与许多小型、分散的团队合作，每个团队都有一个'单线程[①]所有者'，

[①] 单线程在程序执行时，所走的程序路径按照连续顺序排下来，前面的必须处理好，后面的才会执行。——译者注

这基本是将产品所有者与全职工作团队结合。在有了这样团队的基础上，才会开始建立等级结构，但是等级结构在实际工作中的作用并不明显，因为我们公司很少需要管理层或者老板做决策，他们的存在只是为了支持员工的创新想法和创新决策。"麦克解释说。

"那么在这样的团队中，大家会一起工作多久呢？"塔雅问。"我们有一个庞大的内部虚拟就业市场，虽然这些团队是临时组建的，但是一个项目耗时会很长。所以，员工会根据自己的喜好、才能和想接受的挑战加入不同的团队。原则上，员工还可以在不同团队和不同项目之间调整。"

"全世界有那么多团队，你如何保证自己研究的项目没有和其他团队'撞车'？"海因茨问。"我一点不担心这个，2总是大于0，不是吗？"麦克回答，"相比一个研究的团队也没有，我很希望一个重要的创新课题能被两个团队同时研究。因此，项目被几个团队同时研究并不是最重要的，最重要的是团队要高效工作、快速实验、尽快实现自动化。关于这方面，我们已经有了一些相关的专业知识。"海因茨还在想"2大于0"是什么意思，"我不明白，两个团队同时研究不是在浪费资源吗？"他皱着眉头问，然后继续对他的同事说，"一个大公司怎么能允许重复工作，浪费资源呢！"

麦克补充说："我们当然也要求高效工作，秉持勤俭节约的良好工作品德，我们有针对性地利用资源，这也是我们的一条领导原则。很早以前，我们就为各项工作设定了相应的标准，节俭可以尽可能降低实验和运营成本。一旦需要，我们也会与其他团队合作，因为创新项目需要效率，这对客户来说很重要，我们也不想落后于人。"

他又接着说："我们招聘人才的方式也与以往有所不同，现在，我们偏重于招聘注重结果、敢于行动、有创新精神和创新能力的人，过去的经验证明我们做的是正确的。对我们来说，员工的性格和创新精神是重中之重，此外行动力也不可或缺，还有就是要敢于付诸实践，而不是仅仅纸上谈兵。我们非常重视员工是否具有风险承担能力，一个充满好奇心、好学的人更容易成功。"

此时，斯文贾想到的是香味四溢的比萨、鲜嫩多汁的番茄、浓厚的奶酪、新鲜的沙拉以及意大利熏火腿，而史蒂芬则想知道布吕尔先生对在唐古拉组建"两比萨"团队会有什么反应。

决策者要着眼长远有远见——好的 CEO 是公司的好助手

于是，史蒂芬问麦克："麦克，我还有个问题。对于在公司组建这些小型、分散的团队，你们的 CEO 是什么态度？""嗯，这个问题确实有意思。我们的 CEO 是一个目光长远的人，他总是把一件事放到 3 年的时间跨度来考量，结合周围环境考虑可行度。他经常跟我们说，作为公司的首席执行官，他不能过多参与实际运营，否则一定会出问题。他不想成为员工的'消防员'，不断帮员工补救，他认为他的职责是帮助公司顺利运行，而不是参与到公司的运行中。""让布吕尔先生不参与公司运行？这真是个大胆的想法！"史蒂芬对坐在旁边的佩尔悄声说。"虽然创新是一个面向未来的愿景，作为公司的最高决策者，领导者还是应该脚踏实地、实事求是。我们的 CEO 在这方面就做得很好。"麦克说。

避免盲目相信方法论——必要时应该灵活一点

时间快到了，佩尔焦急地看了一眼钟表，他还有问题要问。"既然贵公司是一家创新公司，那你们的组织结构和工作流程应该是相当灵活的。你们是否使用了敏捷项目管理法，如 Scrum、Design Thinking、Kanban、Lean Startup，等等？"佩尔问，麦克笑了，很显然他已经不止一次被问到这个问题了。"我们没有固定的方法，但是我们确实会在很多项目中运用敏捷项目管理。我们没有把它当作一个一成不变的'死套路'，在进行创新项目的时候，我们会根据客户情况灵活变通。"麦克回答。

麦克看了一眼表，时间到了，下一批访客一定已经到了。"我们得在半小时内赶到 SAP[①] 创新空间。"史蒂芬提醒同事们。但是海因茨还有问题没问完，"真的能让员工的思维模式从'第二天'变成'第一天'吗？"他问，麦克想了想说，"我们支持客户转型，我们以我们的成功经验激励他们。总之，我们公司是这样做的，其他公司是否能做到，或许不同公司情况不同，用的转型方式会不同。"

研发智能屋瓦——在 AWS 的学习之旅

麦克说完与大家告别，其他人一起回到公司大厅。接待处墙上的大屏幕还在播放尿不湿的广告视频提到"聪明父母的智能尿布"。"聪明房主的智能屋瓦，这难道不是一件好事吗？"丹尼尔看着大屏幕想。6 人一起离开 AWS，徒步走过柏林大街上的鹅卵石路，向哈克谢尔市场走去。现在，是时候该整理一下一周以来的思绪和学到的知识了。

在 AWS 找到的创新基因

面向未来的小飞跃——在第 7 章中，管理委员会成员将一起讨论他们在实地考察时看到的那些创新企业的行动指导原则，并将他们在这次游学中发现的创新基因总结如下（见表 4-8）：

[①] SAP 公司是全球最大的企业管理和协同化电子商务解决方案供应商。其 ERP 系统软件也叫作 SAP。——编者注

表 4-8　AWS 的创新基因

基因	基因概念 = 指导原则
AR—雄心与决心	AR 基因（Ambitious Relentlessness）指，要有雄心，认真寻找属于自己的独特地位或让自己处于战略上的有利地位。
DT—团队多样化	DT 基因（Diverse Teams）指，以目标为导向，随时在企业内外寻找具有非凡的专业能力、具备团队工作素质的新人才。
EI—热衷发明创造	EI 基因（Eagerness to Invent）指，企业要有发展壮大的雄心，有敢为人先的魄力，敢于开发新事物，敢于直面差异化，有为客户提供独一无二的产品或服务的愿望。
ER—员工的责任意识	ER 基因（Employee Responsibility）指，员工愿意站在不同岗位上共同承担创新责任。
HA—超越意识	HA 基因（Hyper Awareness）指，决策要依据数据和信息，而不是直觉。
IT—包容性思维	IT 基因（Inclusive Thinking）指，企业要给性格内向但是能力出众的员工表达和贡献的机会，让员工直接张口说，不需要准备精彩的 PPT。
MP—目的决定方法	MP 基因（Methods follow Purpose）指，为解决重复性问题，要拒绝方法上的教条主义，发展多机制系统。
MT—大胆想象	MT 基因（Moonshot Thinking）指，大胆想象！——有意识地大胆想象，让新想法帮助自己重新思考问题。
PD—坚定、持久	PD 基因（Persistence and Durability）指，当你确定某个客户需求很重要或者未来一定会被客户需要时，就要坚持不懈地追求这个目标，不要被外界声音所干扰。
RM—角色塑造	RM 基因（Role Modelling）指，组织管理者要以身作则，为创新铺平道路。
RS—简化流程	RS 基因（Reduce and Simplify）指，尽可能简化过程，满足基本需求的同时防止出现重复、复杂的流程。
SD—自我管理、分散团队	SD 基因（Self-organized and Decentralized）指，在企业中以小型、分散、自我管理的团队形式灵活行事，取消大型、僵硬的部门划分和工作方式。

续表

基因	基因概念＝指导原则
SR—有创新精神的员工	SR 基因（Smart Recruiting）指，吸引那些敢于挑战传统、敢于创新的员工。
ST—初创思维	ST 基因（Startup Thinking）指，企业要永葆初创思维，引导员工的思维和行动一直处在"动态前进"的方向上。
TR—容忍重复	TR 基因（Tolerate Redundancies）指，在涉及创新和实验时，企业要容忍重复工作可能造成的资源浪费。
UC—以用户为中心	UC 基因（User Centricity）指，从用户端获取灵感和反馈，将公司所有的行动都集中于能够产生更多价值的地方。例如，描述用户的深层需求，将其作为今后所有现实问题的起点（"逆向思维"）。

05

实地调查走出创新捷径

令人兴奋的"便利贴云"

斯文贾紧张地敲着电脑键盘。她已经 4 次尝试输入电子白板的密码了，都没有成功。里面存着唐古拉的管理团队这一周旅行的全部记录，在最后的评估研讨会开始前，斯文贾想把这些记录投影到墙上。时间还来得及，其他人都还在 SAP 创新空间的高层房间里休息。

电梯又坏了，因此，她的同事们不得不花更多时间爬楼梯上去，除了电梯，只有通向内院的陡峭楼梯通向第 6 层。此时，斯文贾又尝试输入另一组密码，"终于对了！"她如释重负，开始启动笔记本电脑。

接着，其他人也都到了，由于是爬楼梯上来的，他们上气不接下气。"好，我们现在需要克服最后一个障碍。"斯文贾心想，并将她的笔记本电脑连到天花板上的投影仪上。之后，投影墙上就出现了一幅巨大的图片，上面是各种各样数不过来的彩色数字便利贴，上面写着这趟创新之旅的关键词。"这么多吗？"斯文贾有些难以置信，转身看向同事们，兴奋地问，"谁愿意做一下总结？"

如何化繁为简

"我们先上来坐会吧！"海因茨说着从冰箱里拿出一瓶水。毕竟，这一周的创新之旅已经让他们筋疲力尽，他们需要稍歇片刻。佩尔对此刻所在的房间充满好奇，开始探索起来。"我们这是在哪儿？"他问斯文贾。斯文贾说："这就是 SAP 的创新中心，叫作 AppHaus，一个可以让你发挥创造力的地方。这里有来自不同部门的团队，大家聚在一起，与客户一起设计用户界面和应用程序。这里为我们提供'设计思维',那些板子、立桌以及原型设计材料,可以让我们创造出新的东西。"

墙上的语录赫然醒目,前面是一个小舞台,还有各种各样的座位。木结构屋顶的古褐色横梁和现代化的高科技展示设备碰撞,别具风格。"这个建筑都没有粉刷墙体,是真正的砖瓦结构!"丹尼尔非常羡慕,"这房间看起来既舒适又时髦。"

大家开始在房间里找位置坐下来。斯文贾伸手拿起木槌,敲响了锣。古老的乐器发出响亮而低沉的声音,让大家把注意力集中到面前彩色的投影墙上。

"记录了这么多东西!"海因茨说。"不能简单一点吗?"佩尔建议。"我们需要从中摘出关键内容,把复杂的问题简单化,把这些记录整理好。"史蒂芬也说。"那么如何做才是最好的办法呢?"塔雅问。

"你们知道立方体模型吗?"斯文贾问其他人。"这是一个简单的 3×3×3 的矩阵,我们可以用三个维度表示所有相关维度,或许可以用这个方法来思考。"她环视一圈,见大家都保持沉默,显然,大家觉得这个办法跟现在要做的一元化思考没什么关系。

她又提出一些办法,但是这些办法依旧无法被大家采纳。但下周他们就得把这些初步调查结果转化为具体的方案,带到布吕尔先生面前。"斯文贾,内容也太多了。"史蒂芬说,"要不我们现在先把这些便利贴分类,然后再看看能不能有什么办法?"史蒂芬建议大家一起来场头脑风暴,一起想想办法。

"上周,大家看到的、听到的与我们的创新进程相关最紧密的事是什么?哪些内容是我们可以在唐古拉应用的——最好是能立马应用?"比起其他人,丹尼尔相当务实,他从他的角度提出了两个指导性问题。"我们来看看,我们从每次访问中获得了什么?"他补充说,边说边拍手激励自己。

他们一起将白板上的数字便利贴按照访问的 8 个目的地分类,找出每个案例中最重要的内容，删繁就简，找出重点。下面是他们分类的结果（见图 5-1~图 5-8）：

METAFINANZ

| Meta 作报告 | Meta 咖啡厅 | 停止追求完美，先行动起来 | 反馈 & 探测仪 |

| CEO 发挥榜样作用 | 搭建灵活改革实验岛 ✗ | 改变想法 |

图 5-1　对 metafinanz 的创新基因进行优先级排序

JOSEPHS®

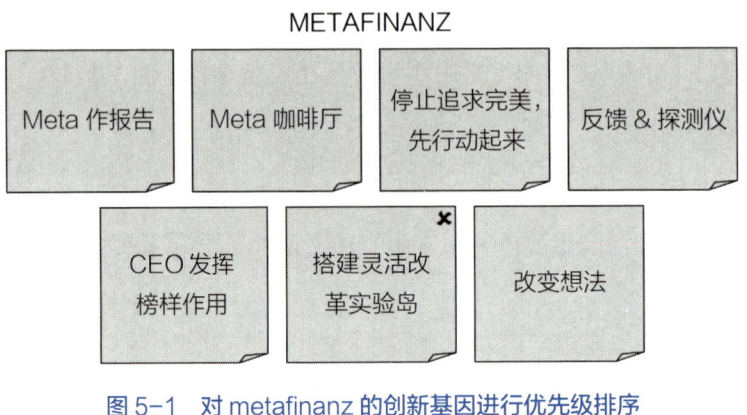

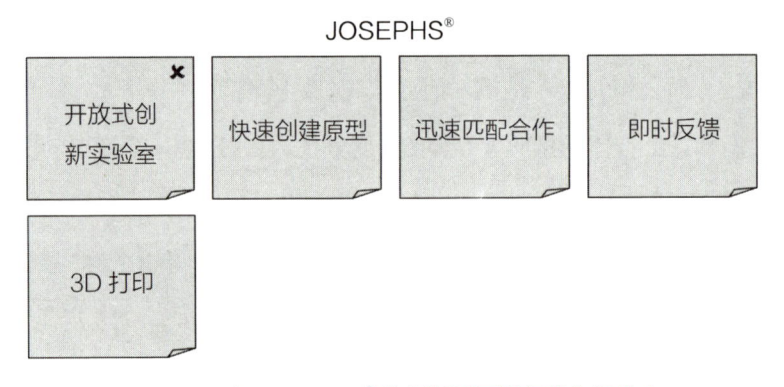

| 开放式创新实验室 ✗ | 快速创建原型 | 迅速匹配合作 | 即时反馈 |

| 3D 打印 |

图 5-2　对 JOSEPHS® 的创新基因进行优先级排序

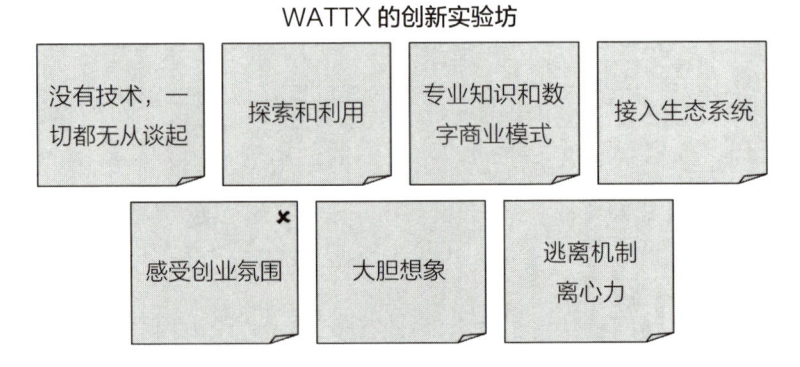

WATTX 的创新实验坊

| 没有技术，一切都无从谈起 | 探索和利用 | 专业知识和数字商业模式 | 接入生态系统 |

| 感受创业氛围 ✗ | 大胆想象 | 逃离机制离心力 |

图 5-3　对"创新实验坊"的创新基因进行优先级排序

HUBRAUM

| 赞助＆指导 ✗ | 不需要领导允许！ | 员工就能决策！ | 创客与合作空间 |

| 创新技术接入非常必要 | 实验思维，而不是对错思维 |

图 5-4　对 HUBRAUM 的创新基因进行优先级排序

WIDMED

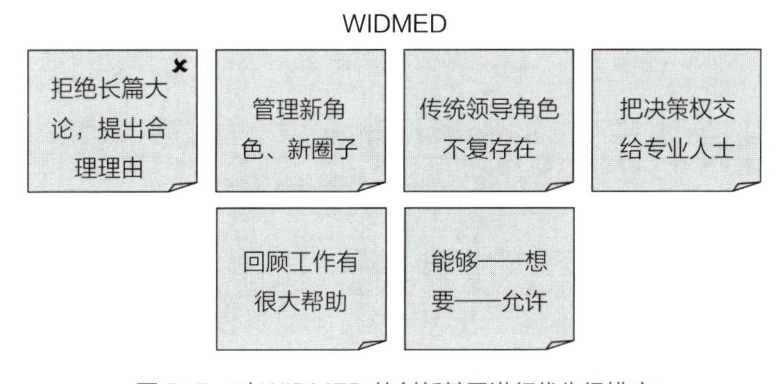

| 拒绝长篇大论，提出合理理由 ✗ | 管理新角色、新圈子 | 传统领导角色不复存在 | 把决策权交给专业人士 |

| 回顾工作有很大帮助 | 能够——想要——允许 |

图 5-5　对 WIDMED 的创新基因进行优先级排序

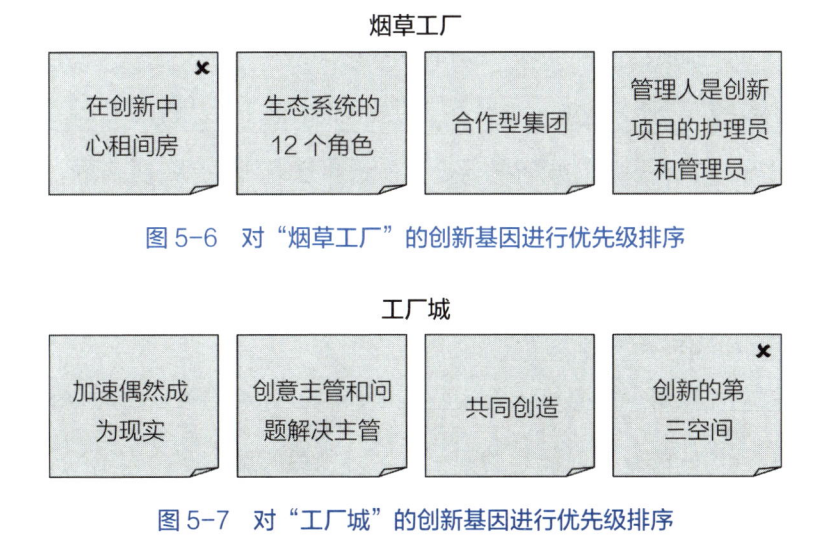

烟草工厂

| 在创新中心租间房 ✗ | 生态系统的 12 个角色 | 合作型集团 | 管理人是创新项目的护理员和管理员 |

图 5-6　对"烟草工厂"的创新基因进行优先级排序

工厂城

| 加速偶然成为现实 | 创意主管和问题解决主管 | 共同创造 | 创新的第三空间 ✗ |

图 5-7　对"工厂城"的创新基因进行优先级排序

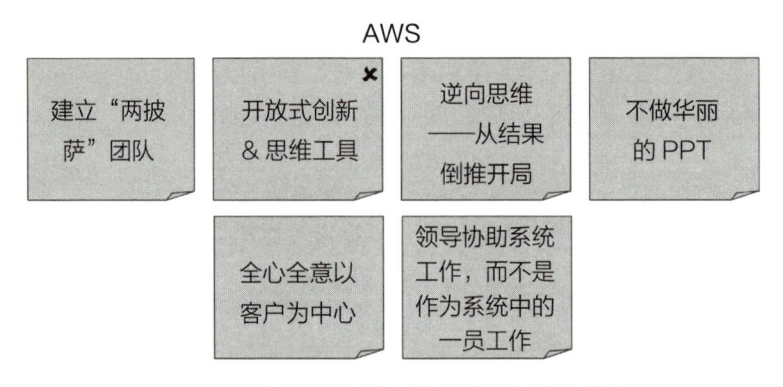

图 5-8　对 AWS 的创新基因进行优先级排序

灯塔项目

"那么，这就完成了？那接下来干什么呢？"斯文贾充满干劲。"现在，我们需要快速给出解决方案。"史蒂芬说。"布吕尔想要的是一个结果。我们需要先拿一个知名度很高并且可以迅速实施的项目作为唐古拉创新转型的开端，我们得确保这个项目能够成功。""这的确是布吕尔想要的，他就是喜欢速赢。"佩尔也同意。"啊，第一个项目叫'硕果累累'怎么样？"塔雅笑着问，史蒂芬则有些不情愿，他说，"叫什么不重要，能实施下去才重要。"

说干就干！大家经过短暂的讨论，一致同意将其中 7 张便利贴上记录的内容落地实施，大家称其为"硕果累累"。因此，这 7 个创新项目，成为唐古拉创新转型的开端，大家仿佛看到了公司创新的希望。稍后，大家将会绘制一个连贯的创新路线交给布吕尔。

大家都在思考，但是没人敢说——项目的设计方案得让老板喜欢才行。唐古拉管理团队的 6 个成员开始起草、制订项目实施方案。大家绞尽脑汁，集思广益，一起思考项目应该从哪里开始。大家把 JOSEPHS® 和"工厂城"

的内容合并为一个项目。

灯塔项目：创新硕果累累

项目1：唐古拉的敏捷管理

项目目标：

- "停止追求完美，立即开始行动"——将唐古拉的传统组织结构转型为敏捷型结构。
- 最高决策者要发挥榜样作用。
- 所有员工都要参与到反思总结的工作中。
- 项目报告做到对所有人公开透明。
- 创建全新的会议空间。
- 项目管理人：史蒂芬·霍夫曼（经理）

项目2：搭建砖瓦创新实验室

项目目标：

- 搭建开放式咖啡馆和创新室，比如利用砖瓦结构搭建一个用于创新的第三空间，这个空间可长期展览公司的创新成果。
- 通过3D打印快速制作原型。
- 与用户共同创造，从用户端快速获取反馈。
- 加速偶然变为必然的过程。
- 项目管理人：海因茨·凯因茨鲍尔（研发部经理）

项目 3：建立初创企业网络

项目目标：

- 摆脱企业总部的离心力。
- 感受初创企业的创新氛围，学习数字化商业模式的相关知识。
- 利用而非探索——"优化而非尝试"。
- 项目管理人：佩尔·奥利弗·詹森（IT 部门经理）

项目 4：项目赞助与指导

项目目标：

- 新员工意味着新血液，减少新员工的入职障碍和人际交往成本，以便新员工快速进入工作状态。
- 敢于尝试新技术，学习是交流知识、经验的过程，企业也可以借此检验创新项目的可行性。
- 项目管理人：塔雅·施密特米勒（人力资源部经理）

项目 5：领导决策转型为团队决策

项目目标：

- 决策原则由"领导同意"变为"团队同意"，这样有利于更快、更好地决策。
- 所有部门定期回顾工作。
- 项目管理人：丹尼尔·雷施（生产部经理）

项目 6：唐古拉的创新中心

项目目标：

- 在公司外部的创新中心租用创新空间，利用那里的创新生态系统网络实施数字化项目，这个创新中心最好是在同一地区（最近斯图加特机场设立了一个极富前景的"红气球"创新中心，唐古拉可以考虑在那里实施创新项目）。
- 项目管理人：斯文贾·伊勒特（创新部经理）

项目 7：创意竞赛

项目目标：

- 所有员工都可以以虚构新闻稿的方式为新的问题解决方案提供创意备忘录。借助现代开放式创新工具发起、管理创意竞赛。
- 项目管理人：斯文贾·伊勒特（创新部经理）

　　这些指引性创新项目由团队一起决策。管理团队的每个成员都需要负责其中一个项目（创新部经理斯文贾负责 2 个）。这些项目将于下周正式获批，根据现有创新路线，预计团队会在 6 个月后推出第一批创新成果。

　　虽然这还不是敏捷管理，但是项目设计符合项目管理程序，一起来看看这场创新变革会把唐古拉引向何处吧。

　　佩尔满意地说："我们不仅仅收集了创新基因，还把这次基因分类、整合，形成了一套完整的创新改革路线。""是啊，布吕尔只要求我们寻找创新基因，他要求我们大力发挥我们的洞察力。现在，我们不光有敏锐的洞察力，还有超强的行动力，算是超额完成任务了。"塔雅也说。塔雅建议让正在亚洲旅行的老板有时间看看他们做的笔记，如果老板没有时间听他们做详细的汇报，看看这些笔记也行。

破格启动的"灯塔项目"

两周后，在黑森林的唐古拉公司。管理团队再次聚在一起，坐在公司大楼顶层的大会议室里。此刻，他们将正式决定"灯塔项目"是否正式实施。所有人都到了，但是总经理史蒂芬和创始人布吕尔却不见踪影。突然，门开了，史蒂芬来了，他脸色苍白地走进会议室，缓慢地坐在椅子上。大家的目光齐刷刷看向他，充满期待。维斯女士离开后，史蒂芬终于开口：

"布吕尔先生的妻子艾丽卡（Erika）刚刚给我打电话说，他们还在中国。他们在那儿与中国的商业伙伴会谈，并且去安徽宣城参观了那里逐渐增多的屋顶。不过回程途中布吕尔先生发生意外，受了重伤，病情有些危急，现在还在重症监护室。因此，短期我们可能暂时无法见到他了。"

大家听到这个消息后都震惊不已。要是没有布吕尔，唐古拉该怎么办？那样的场景简直没人敢想！那大家做的一切努力是否要白费？唐古拉的创新项目还能继续实施吗？毕竟，灯塔项目要获得布吕尔的批准才能实施……

会议室里鸦雀无声。没有布吕尔的批准，就很难为"灯塔项目"搭建实施团队。此时，史蒂芬直起身，说道："我们不能再等了，没有他，我们自己干！"他坚定地说，"各位，现在该是把理论用于实践的时候了，既然我们已经设计了这个项目，那就开始干吧！让我们来把想法变为现实吧，说再多都不如踏踏实实干一次，我们需要的是成果！"其他人沉默不语。"条条大路通罗马，我们可以先开始，在做的过程中逐渐摸索，看看这个创新改革路线究竟会将我们带向何处！"大家还是不说话。终于，斯文贾犹犹豫豫地开口说："的确，但是我们还是需要一个方向，确保我们不会走错路，不是吗？"

06

"灯塔项目"和免疫应答

行不通的数个月

在史蒂芬的带领下，管理委员会的成员们充满干劲，但是效果与预期相去甚远，团队一时间有些沮丧。团队除了要推进这个项目以外，还肩负公司的其他日常业务，有些分身乏术。他们时常抱怨："哎，你知道的，我还得忙日常业务！"

事实证明，"撬棍式创新"行不通。光项目设置就用了好几个月，这样下去显然不行。如果想让企业的未来走向创新发展，就要具体行动起来。正如佩尔所说："我们得行动起来，行动才是重中之重。"可是，该如何行动呢？是要进行创新实验吗？管理委员会的一些成员总是将日常业务和项目推进工作混在一起，他们只想让项目融入日常工作中，根本就没有想如何落实项目。最后，唐古拉复杂的免疫防御系统被激活，对"灯塔项目"表现出各种免疫防御反应。

非特异性免疫——先天排异

起初，在公司内部能够明显感觉到对"灯塔项目"的先天性排斥，"灯塔项目"一提出，整个公司的防御机制就被激活，公司内部的"杀伤细胞"恶狠狠地扑向新生项目。走廊、咖啡厅后厨、食堂、生产大厅……到处都能听到员工们在议论：

> **非特异性免疫的典型表现——化学免疫防御应答**
>
> - 没错，但是我们一直都是这样做的！
> - 它绝对不起作用！
> - 这在其他地方可能行得通，但在这里行不通！
> - 成本太大、太过冒险、风险太高！
> - 我们现在不是做得挺好吗？为什么还要做这个项目呢？
> - 总有人想玩儿点新花样！
> - 新不等于好！
> - 谁说我们不了解客户需求？
> - 这不符合我们的公司文化！
> - 等着看吧，肯定会不了了之的！
> - 为什么非得学亚马逊和谷歌！
> - 还没到改变的时候呢！

人们一听到"灯塔项目"就十分排斥，大家按照过去的经验推断，这种项目往往是为了营造个人或者部门形象，个人无须付出什么，只需要大量引入资源即可。

管理委员会成员努力克服阻力，通过各种手段推进项目。通过管理委员会成员的顽强斗争，"灯塔项目"终于幸存下来。随后，公司的防御系统开始"分解"项目，企图"分而食之"。起初，这种免疫反应很隐蔽，后来逐渐发展出明显、具体的攻击性。

接下来会发生什么呢？唐古拉是成功转型为健康发展的企业呢？还是如

冈特·迪克（Gunter Dueck）[①] 所说的那样陷入群体性愚昧？企业的非特异性免疫到底是什么呢？

从某种程度上来说，创新像一个"野孩子"。众所周知，随着生长发育，儿童会或多或少地形成自己的意志。而有些人会刻意将"乖孩子"约束在自己的行为牢笼里，因此，企业中不乏循规蹈矩的"乖员工"，这些循规蹈矩的员工让其他人不敢轻易提出新观点。这样，整个企业都希望维持原状，大家无法接受改变。"成功的团队无须改变"，企业普遍都有这样的保守思想，它会对所有的创新项目产生非特异性免疫，彼得·克蒂斯（Peter Kruse）将其称为 BAW 效应（转身+等待），即遇到新事物，转向一侧装作看不见，等待一切结束，再回归原状。

创新面临着各种各样的阻碍，大家固执己见，不愿用理性的头脑去论证。先是"我不能"，很快就变成了"我不想"，有的干脆什么都不说，要么就编造各种借口。总之，大家既"不能"改变，又"不想"改变。

特异性免疫——获得性防御

当非特异性免疫失效时，后天习得的适应性免疫防御就会在唐古拉启动。"灯塔项目"现在遇到的阻碍在意料之内：在正式场合大家都表示支持，但是私下大家其实极度反对，甚至蓄意破坏。

企业的 T 淋巴细胞已经准备就绪，正在寻找"外来项目"，伺机而动。

[①] 著有《群体性愚昧：为什么精英在一起也会干蠢事》一书，他提出大型企业里集中了大量具有不同个性特点的聪明的管理精英，然而他们聚集到一起往往会产生众多的群体性愚昧现象，导致企业得不到发展，甚至陷入衰亡的怪圈。——译者注

T细胞擅长用受体附着在这些"外来项目"上，启动"程序化死亡"杀死项目，这个过程也叫"项目凋亡"，用生物医学家于尔根的话来说，这是有针对性的细胞死亡——项目死亡。

通俗来讲，就是员工开始议论纷纷，争论不休。一位主管说："我们一直纠缠于元层面上的创新，这很危险！"还有员工说："他们说的创新成功也太戏剧化了，仿佛这就是公司的福音。"……为什么大家会有这样的想法？是哪里出错了吗？

"灯塔项目"

项目1：敏捷管理转型

项目管理人

史蒂芬·霍夫曼（业务部经理）

项目目标

项目目标是将唐古拉传统的组织结构转变为敏捷的组织结构，一切工作的行动准则就是"停止追求完美，立马开始行动"。最高决策者要发挥榜样作用，带领员工定期回顾、反思、总结工作。项目报告做到公开透明，向所有人开放，并创建一个新的会议室。

项目流程

首先，史蒂芬和团队制定了《敏捷管理十二条规定》，在此基础上，安排一半员工参加为期2天的培训课，培训课的主题是"敏捷转型——

Scrum 如何加速业务进程"。此次培训的目的是让唐古拉的管理体制更快捷、更灵活、更敏捷——正如管理团队在 Metafinanz 学到的那样。刚开始，这项改革并没有遭到公开批评，但是一提出"敏捷转型"，公司就开始出现明显的两极分化。其实，每个人都想做到敏捷管理，但是没人想行动，也没人敢做"第一个吃螃蟹的人"，甚至有人觉得，所谓的敏捷管理就是在洗脑。为什么会出现这种现象呢？是什么阻碍了大家正确认识这个项目？

项目分析

该项目中，唐古拉表现出的特异性免疫：

1. 员工不知道敏捷项目该由谁来负责，培训结束后，每个人都觉得事不关己，所以没有出现预期的培训效果。
2. 培训结束 2 个月后，史蒂芬才提议在非 IT 环境中开展第一个 Scrum 试验项目。
3. 由于缺少人手，Scrum 项目没有聘请专家，项目主持工作由项目经理负责，项目管理人的想法并没有完全实现。
4. 评估项目本来应该由团队共同完成，显然，团队成员并不了解这一点，最后，评估工作交给了项目经理。
5. 由于开会时没有给出明确的项目计划，导致项目临近冲刺阶段，目标还没明确。项目自然难以成功"交付"，也无法按预期创建一个原型。
6. 通过外部敏捷专家的观察发现，员工的工作方法和专业知识还有待提高，他们对自身角色的理解还需进一步加深。
7. 公开项目关键数据、预算以及项目成果会引发不良竞争和团队间的嫉妒心理——这个现象在 Metafinanz 也存在。

项目对比

其他企业也想迅速引入敏捷管理，通过观察这些公司发现：

- 日常业务和创新项目总是混在一起，公司无法全心全意投入创新改革中，员工更追求效率。企业没有形成创新学习的氛围，也没有将创新纳入常规工作内容，传统的项目结构依旧无法实现创新发展。

- 创新主题定义不清晰，盲目追求错误目标。管理人员缺乏风险承担能力，这种情况下，"灯塔项目"对公司的发展战略转变毫无意义。

- 转型发展不是一蹴而就的，培养员工独立担责的能力也非一朝一夕就能成功。企业员工早已习惯"父权制""等级制"，领导负责决策，员工负责实施，这是员工一贯的工作方式。如果将领导决策变为员工决策、部门内工作变为部门间合作，员工一时间很难适应。

- 管理的员工越多、项目预算越高、行政职衔越大，经理的地位就越高，这是企业一直以来的管理模式。因此，经理们难以接受权柄下移，失去团队管理权。

- 什么是敏捷的角色变换？具体如何操作？这些问题没有具体的定义，自然无法具体实施，同时，由于时间不够，回顾工作这一环节也被省略。

- 盲目套用方法论，员工认为固定工作必须按照固定流程操作，不能有丝毫变动。

- 从客户角度出发，将客户纳入敏捷性工作流程开发中，会导致工作流程不连贯，很多人不愿意这么做。

- 传统的财务激励措施和奖励制度设定的目标太高，导致员工的注意力不在敏捷性改革上，而是更多注意自己是否达到绩效要求。

- 追求和谐，拒绝矛盾。企业希望员工之间和谐相处，尽量不要产生不必要的摩擦。员工不会主动提出建设性意见，因为这有可能会让其他人不高兴。
- 客观上，对企业发展有必要推动力的决策无法轻易作出，一方面要考虑员工的情感，另一方面要考虑企业固有的组织模式。企业希望营造快乐、轻松的工作氛围，因此，尽管"不受欢迎的决定"能够建设性地解决问题，还是会被扼杀。
- 项目管理人和项目主持人被混为一谈。
- 项目数据、项目成果公开透明，会招致内部竞争和嫉妒心理。
- 很多人害怕失败、不想丢脸，因此，团队自我管理、员工独立承担责任的做法让许多人望而却步。

项目反思

　　人类天生恐惧不确定、模糊和变化，唐古拉的管理团队还没有找到应对之法。目前，他们还无法对症下药，因为他们也是才开始了解公司的免疫防御，只有真正了解清楚"疾病"的本质和内在机理后，才能研发出"疫苗"。并且，公司对"灯塔项目"的免疫反应显然要比预想的更严重。

　　刚开始的几个月，"敏捷"在唐古拉简直就是个禁词，一说起这个词，员工们就群情激愤，这让我们想起于尔根教授说的非特异性免疫。免疫反应过度或引起过敏反应，花粉过敏就是免疫反应过强的结果。在唐古拉，"敏捷管理"创新变革就是一场"花粉过敏"，这让灯塔项目难以推进。
"学习、实施敏捷管理"，这是史蒂芬的目标。"我们想要快速实现目标，速战速决，但是显然不行。我才意识到，我们还没有打'闪电战'的能力，过于急功近利只会适得其反。并且，我们太注重办法了，但我们所有人的行为方式、态度还没有根本改变。"史蒂芬的话提醒了大家，"方法错误，创新发展变成了障碍赛，甚至成了一场闹剧，大家根本不买账。"

项目 2：开发外部创新实验室

项目管理人
海因茨·凯因茨鲍尔博士（研发部经理）

项目目标
项目目标是学习 JOSEPHS® 和"工厂城"的创新理念，创建一个开放式的外部创新空间，创新屋瓦产品。对此，管理团队有一些初步计划：使用 3D 打印快速设计原型、利用客户反馈共同创造产品。要想共同开发新产品，就要想办法将偶然变成现实，这也是项目经理在幻灯片上展示的想法。

项目流程
海因茨主管公司研发部，平时工作十分忙碌，所以他没什么时间打理"灯塔项目"，因此，他委托一位建筑师朋友帮他在距离公司建筑中心南部 6 千米的工业大厅中开办一个创新空间。从开始规划到正式开工，没有人知道这个潜在项目。

创新空间完工后，初期什么都没有发生。"现在该怎么办呢？"海因茨问总经理史蒂芬。创新空间已经搭建好，接下来要做什么呢？斯文贾建议举办一场创新研讨会，然而只有少数员工感兴趣。

项目分析
该项目中，唐古拉表现出的特异性免疫：
1. 没有人知道公司在外面建的那个漂亮房间是用来做什么的，就连公司建筑中心的合作伙伴也一头雾水。但是，直到当地的歌唱俱乐部说想租用这个场地时，大家才发现这里出了问题。

2. 为了摆脱公司内部的离心力，管理团队选择在离公司几千米外的建筑中心搭建创新空间。但是目前来看，还没有收到应有的效果。这导致的结果是，没人注意到这个创新空间，就好像这个地方跟公司毫无关系一样。

3. 重大思维错误：项目计划没有考虑到其他可能会使用该空间的社区，包括公司的经理和其他有创新思想的人。

4. 主人不好客，客人怎会来？

5. 至少有人认真尝试过利用好这个创新空间，比如斯文贾的工作室。公司要求客户为新产品提供建议，结果无功而返。为什么呢？因为这对客户来说太难了。他们一想到屋顶，就觉得既要安全，还要防雨……随即陷入传统思维中，无法跳出现有结果以全新的角度思考问题。

项目反思

海因斯的初衷很好，他尽职尽责地推进项目，但是他没把自己看成项目的主持人和策划人。海因斯说："我认为，在这样的项目中，建筑问题不是首要的。真正重要的是用户、活动和活动主持人。也就是说，在那里开展创新活动的团队是否拥有自主决策权？这一点我们之前没有意识到，也缺乏相关经验。个人和单一的团队根本无法开展如此大的项目，这需要很多人，甚至需要多团队合作。并且，不光是歌唱俱乐部，任何团队都可以来！"

项目3：搭建可持续沟通的桥梁

项目管理人

佩尔·奥利弗·詹森（IT部门经理）

项目目标

项目目标是摆脱企业内部的离心力，以初创心态开启创新项目。管理团队准备学习柏林的"工厂城"，试图将传统商业模式转型升级为数字化商业模式。

项目流程

佩尔开始寻找适合唐古拉的初创企业，他让员工花几周时间调研欧洲的首都城市和创业中心，筛选出 6 家合适的企业，与其中 3 家达成合作。第一家企业负责创新屋顶瓦片的材料和工艺，第二家公司负责开发新的雨水传感器技术，第三家公司负责研究现代工业粘接技术。这些领域互为补充，对唐古拉利用现有技术及时优化现有产品和制作工艺有极大的作用。

项目分析

该项目中，唐古拉表现出的特异性免疫：

1. 项目初期，管理团队本想选一名员工作为项目的协调人和推进人，但是这名员工不肯干，他觉得在差异如此巨大的合作伙伴之间协调工作实在太困难了。除非唐古拉把这些初创企业都合并到自己公司，否则部门经理们一致认为要在短时间内做好协调工作根本不可能。

2. 一个初创企业的创始人很时髦，他提倡培训，但唐古拉传统的模式很难接受他的时尚文化，他们刻板地观察合作人的皮鞋鞋底，以此来评估合作方的能力。

3. 正如一些案例中所展现出来的那样，除了下一轮融资中的流动资金，唐古拉不知道自己需要贡献什么，合作的初创企业也不知道自己想要获得什么，双方都没有明确提出自己的需求，合作结果自然令人失望。

4. 一些案例表明，部门主管不会说英语，这在与其他国家的创业团队交流时会出现问题，导致双方无法达到理想的沟通效果。

5. 其中一个创业公司里有芬兰人、以色列人和亚洲人，他们对德国的工作方式很不适应，语言交流也不通畅。

6. 部门主管只会初级英语，达不到国际化合作的要求。

项目反思

佩尔指出，语言问题导致与初创企业的沟通受到限制。唐古拉的代表们认为，口头支持很容易，但是一旦开始制订新的商业模式、设定项目目标时，合作就会出现问题。

佩尔说："双方存在误解。初创企业认为唐古拉是一个成功的企业，对具体内容的关注度没有风险资本家那样高。这个想法是完全错误的。我们与初创企业之间搭建持续性沟通的桥梁，知道双方因差异太大而造成种种误解，最后的结果就是彼此不信任。我们与他们的合作，没一个成功的！"

项目4：员工多样化

项目管理人

塔雅·施密特米勒（人力资源部经理）

项目目标

重新规划员工入职流程，为公司注入新鲜血液。改革后的员工入职，重点不在培训上，而在如何降低员工的依赖性上。新员工有新想法，将这些想法整合，营造多元、包容的企业文化。老员工要向新员工学习，不断优化原来的方法和流程，不必事事征求领导同意，企业要宽容员工偶尔的失误。

项目流程

　　管理团队原本想让年轻员工培训老员工，即反向培训，因为年轻人往往更容易接受新思想、新事物，但是事与愿违，不知不觉这种培训就又走到了传统的老路子上——老员工拉着新入职员工的手，告诉他们公司的规章制度、工作流程，以显示自己的优越性，掩盖不安全感。

项目分析

　　该项目中，唐古拉表现出的特异性免疫：

1. 新员工入职流程和反向培训没有坚持下来，最后又回归到传统模式——老员工培训新员工。新老员工之间应该互相学习。

2. 管理团队原本计划招聘多样化的员工，但是被企业内部否决。唐古拉的企业文化还没有为这种"破坏性的招聘"做好准备，因为这意味着新员工将入职公司各个部门，建立新的影响力。也就是说，在法务部门安排一个非法律工作者，质控部门安排一个人文学科背景的员工，生产部门安排一个没有技术背景的人……如此多样化的转变，要想实现，就得招聘新员工，打破原有的以技术为主的员工队伍，将员工多样化变为公司的竞争优势。

3. 管理团队想要帮助员工实现以前没有想到的职业道路，但是遇到的阻力前所未有，一些部门对此带有偏见，一些员工对改变存在心理障碍，到最后，那些勇敢尝试的员工也开始打退堂鼓，甚至适应不了新环境直接辞职。企业没有营造出彼此信任的氛围，信任才是转变的开始。

4. 塔雅想要带领人力资源部门实现企业内部跨部门人员配置。她觉得，想要最大限度发挥员工潜力，就要将他从原有的环境中释放出来。有些公司为了识别人才，举办创新活动、摇滚音乐节或创新竞赛等，塔雅也打算这么做。但是，一位部门主管私下里说："这是有风险的，我不会这么做。"因此，公司里的部门主管并没有挑选最优秀的员工参加活动，派出去的要么缺乏专业知识，要么没有必备技能，有的甚至态度都有问题。显然，这些部门主管不愿意参与部门间合作以及部门间员工调岗。

项目反思

公司现有的激励制度非常不利于创新改革。目前，从经理到员工，没人愿意为项目或者合作伙伴承担风险，他们更愿意以彼此适应的方式工作，以保证安全。工作过程中，他们会设定各式各样的准则和声明，供双方共同遵守。这样的制度只会激励那些循规蹈矩的人，对敢于尝试新事物的员工来说没什么好处。现有的激励制度不允许失败：允许利用现有资源，但是不允许探索新资源！

项目5：打破"思维定势"，建立"一致性原则"

项目管理人

丹尼尔·雷施（生产部经理）

项目目标

项目目标是把公司按照规章制度办事的传统决策方式革新为"一致性原则"，这样有利于公司更好地决策。并且，所有部门都应定期带领员工回顾工作。

项目流程

丹尼尔心想："作为生产部经理，我应该树立一个好榜样，按照'一致性原则'组织会议，开会速度一定会提高一倍！如果没有人反对，那就去做。不管谁反对，都应该提出合理的反对意见，否则不予采纳。就像又一次开会，大家叽叽喳喳争论不休，吵得我一个头两个大，最后越说越跑题。为了提高会议效率，我问他们，'谁反对？'结果大家突然就都安静下来了。遗憾的是，那次会议没有讨论出结果。"

丹尼尔和他的同事们也受不了传统的决策方式，他们决定再试一次。

项目分析

该项目中，唐古拉表现出的特异性免疫：

1. 丹尼尔忽略了一个十分重要的细节，那就是，"一致性原则"需要一个会议主持人，提醒大家不要针对一个主题反复绕圈子。

2. 丹尼尔试图主持会议却没有成功，问题出在哪里？丹尼尔是生产部经理，所以他发表意见不能保持中立态度。同时，一个人不可能既当决策者又当会议主持人。

3. 丹尼尔想以身作则，做出榜样，结果却失败了，为什么呢？因为会议既没有经验丰富的主持人，又没有擅长"一致性原则"的决策者。主持人得服众，才能引导会议遵循"一致性原则"。

4. 团队内部工作回顾也没有奏效。在六西格玛策略（Six-Sigma）[①]的指引下，丹尼尔尝试了一次工作回顾。他去互联网上查阅回顾技术和方法的相关资料，但是他还是没有理解这些技术和方法，因此，也无法向员工介绍它们。考虑了很久，丹尼尔还是放弃了。为了挽回面子，他组织了

---

① 六西格玛（Six-Sigma）是一种管理策略，它是由当时在摩托罗拉任职的工程师比尔·史密斯（Bill Smith）于1986年提出的。这种策略主要强调制订极高的目标、收集数据以及分析结果，通过这些来减少产品和服务的缺陷。——译者注

一场临时准备的中场休息。然后丹尼尔继续开会，开始讨论下一项工作。

5. 参与的人既不知道工作回顾的流程，也不怎么愿意做这件事，一说到跳过回顾工作的环节，直接开始下一项议程，他们立马就来了精神。

项目反思

丹尼尔发明了一种应对失败的保护机制。他有勇气尝试新办法，但是他没有号召大家参与进来，没人知道他究竟怎么计划的。他想尝试回顾工作，但是显然场面有点失控。这一次尝试让他意识到，他太追求完美了。还好，他临时安排了一场茶歇，挽回了面子。遗憾的是，这次尝试没有给公司带来改变。大家原本十分好奇，兴致勃勃想要见识一下新流程，结果以失败告终，以后再想实施怕是更要难上加难了，因为员工已经产生"免疫记忆"。

丹尼尔自我批评："现在，再组织一场回顾怕是很难了，那天之后，直到现在我都没再进行过回顾。"

根据于尔根的解释，特异性免疫系统的T记忆细胞开始工作，它们会记住几十年内出现过的病原体，不管是"一致性原则"还是"工作回顾"，都是被记住的病原体。一旦再进行一次，员工会迅速想起上一次的失败经历，发生强烈的免疫反应。

丹尼尔深陷"思维定势"："当企业相信只有一种办法可以解决现有问题，并且拒绝再继续探讨现有问题时，企业就会陷入'思维定势'。"

项目6：营销多，内容少——"红气球"漏气了

项目管理人

斯文贾·伊勒特（创新部经理）

项目目标

项目目标是学习"烟草工厂"和"工厂城"的创新经验，为唐古拉租借一个外部创新中心，利用创新中心的创新生态系统研究数字化项目。为了缩短行程时间和创新成本，他们打算在黑森林寻找合适的地方。终于，他们注意到了斯图加特机场推出的"红气球"创新中心，经过了解发现，这个创新中心简直就是为唐古拉量身定做的，唐古拉迫不及待想要加入它。

项目流程

"红气球"创新中心的总经理对和唐古拉的合作非常感兴趣。仅靠斯图加特机场和巴登－符腾堡州的支持还远远不够，为此，他至少需要收购十几家公司。签署合作后不久，唐古拉创新部经理斯文贾就收到创新中心在创新中心5号库举行的开幕式的邀请。这是一场令人印象深刻的开幕式，政界和商界代表全部到场，表达了对这个独特项目的赞赏，并强调了这个项目对德国西南部商业区发展的重要性。

但是项目发展的不是很顺利。唐古拉每月都会花费高昂的会费，但是项目却没什么进展。"你有什么办法吗？"几个月后，斯文贾向创新中心的总经理求助，令人惊讶的是，这个总经理竟然也束手无策。当初，创新中心承诺唐古拉，会提供合作空间，并邀请初创企业入驻。但是"红气球"创新中心的客户代理却对斯文贾说，初创企业已经在这里落地，随时欢迎她来，并且希望唐古拉也入驻这里。

项目分析

斯文贾没想到会变成这样，她有些自责。几天后，她出发前往130千米外的斯图加特机场，去参加"红气球"举办的交流会，届时，"红气球"的项目合作伙伴、合作企业以及落地的初创企业均会出席。会议进行的很顺利，诞生了许多新想法。但是就在会议快要结束时，有人问，"现在，具体我们要做什么？"显然，合作伙伴还没理解"红气球"的创办理念。斯文贾有些不知所措，因为她觉得，在这种情况下，她无法把员工带来这里做项目。"红气球"之前的承诺完全是为了营销，他们实际能提供的创新空间和创新内容少得可怜。

项目反思

如今，斯文贾对"红气球"的认知愈来愈清晰。"显然，这是个教训。不是所有的创新中心都有能力兑现承诺，同时，我们自身也还远没到可以参加创新生态系统的时候。"

项目7："逆向思维"创意竞赛

项目管理人

斯文贾·伊勒特（创新部经理）

项目目标

项目目标是让所有员工以虚构新闻稿的形式提交新的解决方案备忘录。借助开放式创新工具启动、管理创意竞赛。

项目流程

灯塔项目一开始就面临挑战。管理团队花了很长时间选择适合公司的技术工具，大家试图了解这么做的目的。员工抱怨要处理的文本太多。"创意就是创意，可不是浪漫的小说！"一位员工烦躁地说。此外，公司原本应该组织员工针对新创意开会讨论，而不是把它像一个"弃婴"似的随意扔在一边。起初，并没有那么多想法，但是随着时间推移，竞赛的号角才正式吹响。最终，45 条公关创意通过了竞赛系统的初选。

斯文贾和她的团队看了这些想法后，还是感觉没什么特别的。因为这些想法大多没有把重点放在客户身上，而是只关注眼下可以做什么。这样，客户能够带来的益处时常被遗漏，现有公司体制的痛点和机遇也没被挖掘出来。

项目分析

　　该项目中，唐古拉表现出的特异性免疫：

1. 斯文贾注意到，每个人对于一个想法的含义都有自己的理解，因此，无法将这些创新理念与产品相匹配，创新问题难以解决，新产品开发也难以成功。久而久之，员工更愿意提交传统的产品开发主题，即如何优化现有商业模式，让工作环境更轻松。

2. 项目后期，斯文贾只关心企业内部优化项目。她成了"弃婴"的管理者，开始优化这些被遗弃的想法，但是没什么成效。

3. 没人想过筛选最佳创意的标准，并且，在员工看来，公司这么多年来都坚持现有的持续改进流程，突然要引入创意竞赛来改变公司原有的组织优化方式，这确实很难，员工根本分不清这两者之间有什么区别。

4. "很多时候，我们根本无法做出决定！"公司自身免疫反应的典型特征就是断层效应，导致真正的创意无法成功长大。并且，一旦一个创意在实施过程中失败了，再想尝试，就会难上加难。另外，现有的想法都是单一的，相互之间没有联系，因此，这些想法根本无法启动。

5. 这场创意竞赛与其说是为了针对性解决企业的创新问题，倒不如说就是一个简单的想法"收纳箱"，收到的想法都不深刻。出现这个问题，是因为竞赛理念错了——"告诉我们你的想法！"企业员工都熟知 KVP 生产管理体系，因此提交的方案并无新意，很多人抱有这样的想法："提交一个想法，说不定运气好，这个月能多发点钱。"就这样，创意竞赛变成了一场赌博游戏。

项目反思

斯文贾总结说："开始，我看到如此多的想法还挺惊讶，但是仔细一看，大失所望。多数人的想法都不具备可操作性。"其他人笑着说，这个项目将企业的非特异性免疫展现得淋漓尽致。企业对于变革的典型反应就是：战斗、逃跑、遏制。员工们面对这个新事物不自觉开始逃跑、讽刺和挖苦。

07

重塑企业 DNA 的 59 个创新基因

几个月的时间转瞬而逝，不知何故，唐古拉的创新发展并不顺利。当然它在一些方面也取得了明显成功，但是同时也引发了一系列免疫反应。管理团队的成员能从中获得什么经验教训呢？

指挥者归来

时隔 6 个月，布吕尔先生与管理团队的 6 位成员再次在柏林见面，他们开始首次工作回顾。回顾进行得很快，比预期顺利。显然，布吕尔先生已经从事故中完全恢复，他从中国回来已经快一个星期了，但是，公司没人知道他已经回来了，他像一个"卧底"似的在暗中观察。他给几个核心员工打电话，询问公司的情况。之后，布吕尔先生就召集他的管理团队来柏林 SAP 创新中心，他们一起在阁楼的沙发上坐下。

斯文贾的任务是准备回顾工作。布吕尔先生想知道在过去 3 个月究竟有什么进展。斯文贾赶紧打开笔记本电脑，把准备的内容投影在墙上。

三个"什么"

1. 兴趣：我喜欢什么？
2. 学习：我学到了什么？
3. 缺点：我缺少什么？

大家还是如往常一般等待布吕尔说话，布吕尔先生深吸一口气说："那

我先从缺点开始把。斯文贾女士,我们确实缺少一些东西。上周,我在公司里打听了一下,结果让我不是特别高兴。显然,过去几个月,我们一点进展也没有!"

布吕尔手里拿着之前写给管理团队的信,6个月前,他曾要求管理团队离开公司,并给每个人都定了明确的目标。今天,他又提到他之前在信里说的话:

> 我希望你们带着好奇、开放的心态出发,找到问题的答案。其他公司是如何让自己的发展面向未来的?听起来可能有点抽象,简单来说,就是寻找真正的、有价值的创新基因!
>
> 我要的不仅仅是创新基因,我还需要你们环顾四周,观察那些创新基因所在的环境,找到阻碍创新基因发挥作用的"免疫系统"。我要你们去思考,公司里的哪些因素会阻碍创新发展。真的存在阻止创新的"免疫系统"吗?为什么明明有了好的创意,却无法成功,个中缘由是什么?我非常希望这次旅行能激发出你们卓越的洞察力!

大家惊讶布吕尔记得如此清楚,陷入沉默。布吕尔先生继续说:"我很愿意把你们送出去,但是很遗憾,这一做法并没有给公司带来改变,为什么呢?难道是我错了吗?"

在座的人都不敢直视老板的眼睛。虽然老板的批评很严厉,但是显然他是对的,他们既没有认真研究创新基因,也没有找到免疫反应的应对之法,而是一股脑儿扑向7个偏重实际行动的"灯塔项目",结果是,大部分努力都无功而返。"在唐古拉,不能再继续上演'创新闹剧'了!只要你们愿意,我允许你们独立承担责任,让唐古拉的发展面向未来。我想,你们现在应该认认真真地做功课了!"

有点儿进展

布吕尔先生离开了阁楼,大家得想办法做出一点儿成绩了。是什么原因导致管理委员会成员不得不面临现在的处境呢?这是一种在其他公司也曾发生的免疫防御反应吗?

"我们试图讨好老板,这太短视了!难道创新改革是用来满足老板要求、取悦老板的吗?"斯文贾问。丹尼尔说:"下次布吕尔先生再见我们的时候,就得交出真正的成果了。"

这一次,管理团队才开始正视唐古拉未来发展面临的核心问题。海因茨站起来,在旁边的挂图上翻开一张空白页:"我们现在详细分析一下,系统研讨一下我们在创新之旅中观察到的创新基因。我们在去过的创新企业中都看到了哪些工作指导原则?有哪些创新基因?"

塔雅将管理团队分为两组。每组都对自己在创新之旅中观察到的创新基因进行汇编。然后他们一起回顾几个月前在慕尼黑、林茨、比尔、纽伦堡、圣加伦和柏林的所见所闻,最后,他们将找到的创新基因按字母顺序汇编成一张创新基因清单(表7-1):

表 7-1 创新基因汇编

基因	基因概念 = 指导原则
AA—部门内自主与部门间协调	AA 基因(Autonomy and Alignment)指,一个组织要兼容"部门自我管理"和"部门间协调一致"。
AR—雄心与决心	AR 基因(Ambitious Relentlessness)指,要有雄心,认真寻找属于自己的独特地位或让自己处于战略上的有利地位。
AT—适应性转型	AT 基因(Adaptive Transformation)指,一个组织要对内部改革和外部改革的必要性反应灵敏、迅速适应,要第一时间发现组织的改革需求。

续表

基因	基因概念＝指导原则
BR—打破传统	BR 基因（Breaking Rituals）指，企业要大胆质疑现有的认知、思维和评价模式。
BT—基准化、透明化	BT 基因（Benchmarking and Transparency）指，迅速总结成功经验，并模仿之；向一切有关人员提供所有正确的、关键的数据和信息。
CA—文化意识	CA 基因（Cultural Awareness）指，企业要能识别、发展不成文的规章制度、工作模式和企业文化。
CC—客户共创	CC 基因（Customer CoCreation）指，让客户或用户主导创新过程，运用跨学科手段解决问题。
CD—建设性对话	CD 基因（Constructive Dialogues）指，为推进手头工作，解决冲突时要始终进行建设性的沟通。
CE—好奇与热情	CE 基因（Curiosity and Empathy）指，创新实验室要对人的思想、情感、价值观和行为方式充满好奇，并且保持中立的态度。
CF—持续支持	CF 基因（Consequent Facilitation）指，企业要确保持续支持创新活动。
CL—不断学习	CL 基因（Continuous Learning）指，保持永不满足的好奇心。
CM—能力匹配	CM 基因（Capability Matching）指，企业要学会将合适的合作伙伴放在合适的时间和地点。
CP—敢于行动、抓住重点	CP 基因（Commitment and Pivoting）指，企业要致力于形成战略路线，在执行过程中不断交流，收集意见不断完善，如果方向有偏差，也要敢于及时矫正方向。
CR—敢作敢为、承担风险	CR 基因（Courage and Risk Taking）指，勇敢承担不确定性、模糊性，没有领导的批准和认可也敢于出发；尚无成功经验也敢于开辟新路。
CS—创造空间	CS 基因（Creative Space）指，为创新性思想和实践创造有利环境。
DD—要么行动，要么死亡	DD 基因（Do or Die）指，摒弃不利于价值创造的模式。

续表

基因	基因概念 = 指导原则
DE—脱离企业、保持距离	DE 基因（Distance and Excentricity）指，创新基地要与公司总部分离，新事物要脱离企业文化的影响和限制才能成功。
DS—转移重心	DS 基因（Domain Switch）指，企业要学会将现有的能力和技术转移到新的应用领域。
DT—团队多样化	DT 基因（Diverse Teams）指，以目标为导向，随时在企业内外寻找具有非凡的专业能力、具备团队工作素质的新人才。
EC—轻松处理问题、庆祝阶段性胜利	EC 基因（Easyness and Celebration）指，组织能以游戏的方式轻松地处理复杂、有挑战性的问题，并庆祝阶段性胜利。
EE—探索和实验	EE 基因（Explore and Experiment）指，企业亲自定义"自由空间"并亲自尝试，这样企业就会知道边界在哪里。
EI—热衷发明创造	EI 基因（Eagerness to Invent）指，企业要有发展壮大的雄心，有敢为人先的魄力，敢于开发新事物，敢于直面差异化，有为客户提供独一无二的产品或服务的愿望。
EM—员工流动	EM 基因（Employee Mobility）指，员工在企业生态系统中可以随时改变工作时间、工作地点和工作内容。
ER—员工的责任意识	ER 基因（Employee Responsibility）指，员工愿意站在不同岗位上共同承担创新责任。
EU—忍受不确定性	EU 基因（Endure Uncertainty）指，一个组织想创新、想发展，就要学会长期忍受不确定性，学会合理处理模糊不清的问题。
FF—集中力量	FF 基因（Focus Fulltime）指，要将团队资源集中在一个项目上，不要让几个项目同时分割企业资源。
FR—灵活的角色	FR 基因（Flexible Roles）指，允许组织中不同的人灵活承担不同的任务和角色，不需要受制于等级制度。
GM—成长思维	GM 基因（Growth Mindset）指，组织不是一个成品，而是一个不断优化、不断发展的活的有机体。
HA—超越意识	HA 基因（Hyper Awareness）指，决策要依据数据和信息，而不是直觉。

续表

基因	基因概念＝指导原则
HL—领导要谦逊	HL 基因（Humble Leadership）指，领导不是超级明星，要谦逊，这样才能与员工建立开放、信任的合作关系。
HT—混合型思维	HT 基因（Hybrid Thinking）指，组织应当允许新旧模式共存，要具体情况具体分析。一个组织应当至少有两种运行模式，可以在"部门内自治——部门间协调"和"传统管理模式——创新管理模式"之间来回切换。
IA—个人欣赏	IA 基因（Individual Appreciation）指，以欣赏的眼光看待创新，即使很难实现也应当尊重它。
ID—迭代交付	ID 基因（Iterated Deliveries）指，为功能性增量持续开发部分解决方案。
IT—包容性思维	IT 基因（Inclusive Thinking）指，企业要给性格内向但是能力出众的员工表达和贡献的机会，让员工直接张口说，不需要准备精彩的 PPT。
JE—创建集体经验	JE 基因（Joint Experiences）指，组织要创建积极的"共同记忆"，形成强烈的团队意识。
JF—联合预测	JF 基因（Joint Foresight）指，在结构化讨论中，与其他人一起对未来的发展情景进行跨行业思考、开发或概括，并将其转化为战略方针。
MC—创新热情	MC 基因（Management Commitment）指，管理层的创新性思维和实践会对组织发展创造巨大贡献。
MM—找到意义	MM 基因（Make Meaning）指，组织要从发展目的出发，充分解答"为什么要创新"这个问题，让每个人都理解这么做的好处。
MP—目的决定方法	MP 基因（Methods follow Purpose）指，为解决重复性问题，要拒绝方法上的教条主义，发展多机制系统。
MR—心存警觉、弹性创新	MR 基因（Mindful and Resilient）指，在动态发展的企业环境中要管理破坏性因素，还要为创新实验提供支持，增大容错性。

续表

基因	基因概念 = 指导原则
MS—辅助和支持	MS 基因（Mentoring and Sponsoring）指，组织要为创新团队保驾护航，让它免受"免疫系统"的攻击，并防止组织的官僚主义和传统工作流程限制创新团队。
MT—大胆想象	MT 基因（Moonshot Thinking）指，大胆想象！——有意识地大胆想象，让新想法帮助自己重新思考问题。
OM—所有权与主要股份	OM 基因（Ownership and Majority Shares）指，将更多股份留给创始人（<50%），其他人只占少部分股份。
ON—开放型网络	ON 基因（Open Networks）指，各方面参与者协同合作，建立一个开放网络，确保各方知识、技术能够转化为企业的创新能力。
PA—热情讨论、彼此适应	PA 基因（Passionate and Adaptable）指，团队间进行激烈讨论，协调新需求。
PD—坚定、持久	PD 基因（Persistence and Durability）指，当你确定某个客户需求很重要或者未来一定会被客户需要时，就要坚持不懈地追求这个目标，不要被外界声音所干扰。
PL—过程领导力	PL 基因（Process Leadership）指，建立舒适的工作流程，这个流程中包涵所有的决策者和员工。
PM—问题挖掘	PM 基因（Problem Mining）指，深入分析某一应用领域问题所在并开发出新的解决方案的能力——有时，我们需要挖掘的问题远远超出现有的问题。
PS—心理安全	PS 基因（Psychological Safety）指，要营造出包容的企业文化和工作氛围，员工可以自由表达观点和意愿。
RD—减少防御	RD 基因（Reduce Defence）指，暂时推翻组织的"免疫系统"，停止追求稳定的企业文化。
RM—角色塑造	RM 基因（Role Modelling）指，组织管理者要以身作则，为创新铺平道路。
RS—简化流程	RS 基因（Reduce and Simplify）指，尽可能简化过程，满足基本需求的同时防止出现重复、复杂的流程。

续表

基因	基因概念 = 指导原则
RT—把控节奏和时间	RT 基因（Rhythm and Timing）指，在平行工作中，或在部分交付的情况下，要定期以可管理的节奏和时间进行自我调节。
SC—展示案例	SC 基因（Show Casing）指，展示具体、生动、鲜活的实践案例，引导潜在客户在他的领域（行业领域、工作领域、研究领域）里应用新的实践或生产理念。
SD—自我管理、分散团队	SD 基因（Self-organized and Decentralized）指，在企业中以小型、分散、自我管理的团队形式灵活行事，取消大型、僵硬的部门划分和工作方式。
SR—有创新精神的员工	SR 基因（Smart Recruiting）指，吸引那些敢于挑战传统、敢于创新的员工。
ST—初创思维	ST 基因（Startup Thinking）指，企业要永葆初创思维，引导员工的思维和行动一直处在"动态前进"的方向上。
TR—容忍重复	TR 基因（Tolerate Redundancies）指，在涉及创新和实验时，企业要容忍重复工作可能造成的资源浪费。
UC—以用户为中心	UC 基因（User Centricity）指，从用户端获取灵感和反馈，将公司所有的行动都集中于能够产生更多价值的地方。例如，描述用户的深层需求，将其作为所有现实问题的起点（"逆向思维"）。

"现在，我们把布吕尔先生想要的这些基因整理在一起，并用英文缩写表示每个基因，这样使用起来更方便。"塔雅自豪地说，并充满希望地看着会议桌旁的同事们。

着手改变思维

"那我们现在该怎么做呢？"佩尔问道。"我们需要做的工作还有很多，时间很紧迫。我们需要将这些创新基因完全融入企业，作为今后企业运转的指导原则。"海因茨冷静地说。渐渐人们意识到，将创新基因融入企业血液中，需要每个人以身作则，大家一起进行深刻、中立的讨论，一起找到解决办法。

该从哪开始呢？——一切都要围绕客户吗

"在唐古拉，大家主要关注的不是创新，而是效率。"史蒂芬说，"我注意到，我们的许多项目，要么是为降低成本把流程自动化，这样其实是在当前价值创造链的范围内开发新产品。然而，我们遗忘了最重要的事情——满足客户基本需求。我们本应该更好地与客户沟通、了解他们，但是我们没有……"59个创新基因太多了，大家还是有些不知所措，史蒂芬的目光盯着列表，直到他看到列表底部的第59个基因。"……以客户为中心的UC基因！"

"不，实际情况要更糟糕，我们采用这种不断优化的模式反倒让我们离客户需求越来越远。我们甚至将市场调研和客户意见研究外包，而不是亲力亲为。"丹尼尔沮丧地说。"是时候改变了！"塔雅说。

与客户失联的决策者

"负责与客户联系的人是谁？"斯文贾好奇地问。"嗯，自然不是做决策的人。"丹尼尔语气中略带嘲讽。"绝大多数员工没有机会与客户直接接触，经常与客户接触的人没有权利做决策，这些人原本最了解客户，最应该拥有决策权，但是事实上，拥有决策权的却是公司里最不了解客户的人。"丹尼尔总结了公司的现状。

"与客户充分沟通、了解客户，是每一个员工都应该做的事情吗？"塔雅问。她接着说："我敢打赌，就算是AWS公司，也不是每个员工都认识客户。因此，这种创新基因到底如何在国际化的合作中发挥作用呢？当我们讨论这个问题的时候，我们必须清楚我们的客户到底是谁，向我们订购经典屋瓦的人？还是那些从我们这里购买瓷砖的经销商？这是两类不同的客户群体，我们应当认真对待这两类客户不断变化的需求。"

丹尼尔将沙发移到一边，说："从经验来看，不同国家的市场有不同的规则，因为每个国家的市场都是由经销商主导的，毫不夸张地说，我们公司生产的砖块，100 年前就是这样，其功能和形状没有丝毫改变，别说砖块了，其他东西也是这样。要说变化，也只是材料、营销手段（产品故事）和销售方式（即车间生产的瓷砖如何到达用户的屋顶）有所改变。目前，我们与 180 个国家有合作，这些合作都在稳定增长。"海因茨问，"难道必须颠覆过往的一切，才能叫创新吗？"

佩尔说："无论如何，前期对客户投入的时间越多，猜测就越少，并且，我们要检验想法是否可行，只有想法可以实施，我们才能继续讨论客户真正的需求。直接与客户交流，能迸发出高质量的灵感，我们得重视这个关键步骤。"

对此，丹尼尔不太赞同，他说："跟客户接触太多会拖累我们。你看，推进敏捷项目管理的前提是，首先与客户进行细致的交流，这个过程需要大量时间。之前我们为敏捷转型做的灯塔项目不就是这样嘛，为了适应客户的速度，我们花了整整一天时间和客户交流，但是，客户并不在乎屋瓦装在屋顶上的效果，只要装上去就好，他们也不在乎设计合理的屋顶给他们带来的更多益处。那么，我就要问了，斯文贾的那个设计思维挑战赛——'屋顶的未来'，到底从客户那里学到了什么？在我看来，提交上来的创新点子都是一些我们早就知道的想法，至于那些所谓的创新解决方案，都不切实际，我们根本无法实施。"丹尼尔看上去很生气。

工作推进太快

"但这正是我们的问题。"斯文贾插话，她仍然站在白板前，手里拿着笔，"由于我们觉得自己已经弄清楚了一切，因此，我们的工作速度很快。

但是，敏捷性改革不是要用最快的速度开展尽可能多的项目，而是为我们的客户提供实质性帮助，或者为客户彻底解决某个问题。我们的工作是否敏捷，不取决于我们短时间内进行了多少个项目，而取决于我们能否根据客户的需求快速改变、重新开发新产品。"

丹尼尔拼命摇头。"不，我觉得，我们的任务是帮客户安装屋顶，仅此而已。没有客户会考虑创新这个问题，他们只关心自己的屋顶，我们已经帮他们解决了！除非屋顶漏水，否则他们不会再有问题。"

"但是为了防止屋顶漏水的情况发生，我们研发部多年来一直致力于寻找更好的材料。当然，找新材料并不需要与客户沟通，我们已经与全世界的材料专家建立了联系。"海因茨也同意丹尼尔的观点。

"我不那么认为，"斯文贾大胆插话，"正如我们在 JOSEPHS® 和'工厂城'看到的，他们已经逐渐开始让客户参与决策，通过社交媒体与客户进行沟通，客户能够提供更好的产品开发创意和新的销售渠道，这是前所未有的新路子。我们也需要将客户纳入决策范围，与客户共同创造未来，我们需要将这种'与客户共创'的基因融入企业的 DNA 中。"

"但是除了通过数字化和社交媒体与客户沟通，就没有别的办法了吗？"佩尔叹了一口气。"我有一种预感，别看现在数字化应用程序很流行，看上去也挺有趣，但是只有少数人会用。斯文贾，你每天真正用到的 APP 有多少？所以说，在用数字化应用程序将屋顶瓦片数字化前，我们难道不应该先考虑解决更大的问题吗？"

"你多虑了，佩尔。"斯文贾口气里带着一些嘲讽，"反正我们现在正缺乏'大胆想象基因'，虽然我们在 MetaFinanz 和 AWS 都看到了，但是显然我们还没学会。"

对未来的担忧和恐惧——创新场所和创新面临的危机

"我觉得唐古拉真正的危机在别处,"史蒂芬猜测,"真正的危机不在数字服务应用程序。我们正面临失去客户的风险,因为数字平台的供应商在我们和客户之间扮演桥梁的作用,也就是说,客户从数字平台供应商那里购买产品,而不是直接从我们这里购买,这完全颠覆了我们目前的销售和营销战略。"

"要想解决这个问题,我们得直接接触客户。因为,一旦客户总是从数字平台供应商那里购买产品,从某种意义上说,他们需要的不是产品,而是数字平台提供的服务,就像他们去银行,享受的是银行的服务。但是现在,越来越多的人不再需要贷款买车,他们只是需要一台车,至于是从银行贷款还是用其他方式买,并不重要。现在,越来越多人开始成为中间商,比如汽车保险公司,他们的目的不是理赔,而是保障车主和汽车的安全。于是,他们会通过社交媒体或者手机软件与客户对话,及时提醒客户注意危险的天气情况,如极端天气、冰雹或道路结冰等,以此减少理赔。显然,这样做对双方都有好处,保险公司可以降低成本,客户可以避开危险。因此,传统的保险公司逐渐开始成为信息服务供应商,通过其数字化产品为客户提供更好的信息产品,让客户更加信赖他们。"

"对我来说,这听起来更像是 DS 基因——企业要学会将现有的能力和技术转移到新的应用领域,这可能会在未来给企业带来新的商业模式。"斯文贾说,"一旦客户安装了这个应用程序,客户就会依赖上它。下一步,公司可以为客户提供个性化的天气咨询服务,用户每月只需多花 1 欧元(折合人民币约 7 元)。"

"你是说,我们应用 DS 基因,为客户提供天气咨询服务,通知客户将要下雨还是下冰雹?"海因茨疑惑地问。"这有什么用呢?我们的屋瓦防水且坚固,可以抵御任何天气的影响,我们的产品已经有 100 多年历史了,历经了时间的考验！客户需要这项服务吗？这有什么用呢？而且，在天气方面，其他公司能够提供远比我们好的服务。我想说，还是踏踏实实干好老本行吧。我们好好生产优质的屋瓦，用品质获得客户信赖。难道这不对吗？"

"不，海因茨，我不是这个意思，"史蒂芬语气开始缓和，"我更关心来自亚洲各国和美国的建筑技术初创企业。3D房屋是建筑界的新趋势，传统建筑用石头堆砌而成，而现在，用3D打印机，短短一天就能建成。用新技术建造房屋不仅具有简单、快捷的好处，造出的房子外观也十分漂亮。而我们在德国黑森林地区和印度喀拉拉的工厂，还在用传统方式烧制屋顶瓦片，这明显落后于世界。我看到，世界已经迎来技术变革的新时代，它会逐渐改变我们的生产方式。未来，我们将不再烧制屋顶瓦片，建筑工地现场看到的将是我们的3D打印机。"

"到了那时候，我们就该研究如何优化'屋瓦打印机墨盒'了。"佩尔打断史蒂芬的话说。

"我觉得这还不够，"史蒂芬坚定地说，"这对我们是极大的威胁呀，3D打印机不仅可以打印屋顶，打印整个房子都可以！现在已经有相应的技术了。"

"唐古拉未来或许会成为3D打印机墨盒的生产商，这太恐怖了！"塔雅说，"但是起码我们还有一线生机，在这个领域，我们能够成功巩固自己的地位。"

"我怎么听着我们讨论了这么久非但没有激发大家创新的激情，反倒让大家开始退缩了呢。"史蒂芬说道。"即使没有得到许可，没有通过漫长的审批程序，我们也应该有勇气开始才对。我们实在太缺少勇气和冒险精神了！"

"因此，"斯文贾清了清嗓子说，"我们现在不应该继续说一些打击我们信心的事情了。史蒂芬说得没错，这关系到唐古拉究竟要内化哪些创新基因，才能让公司走向未来，在日后的竞争中赢得一席之地。"

"但是，正如我们看到的，唐古拉现在缺少的基因太多了，在这样的处境下，我们怎样才能让公司在竞争中脱颖而出呢？"丹尼尔问。

"我想，我们再找一次生物医学家于尔根，听听他的意见。"塔雅建议，其他人也同意。于是，塔雅伸手掏出手机，打电话向于尔根约时间。

又一堂基因速成课

塔雅首先为于尔根详细介绍了管理委员会过去几个月的调查结果和他们现在的讨论情况。此时，丹尼尔在椅子上坐立不安，有些不耐烦，他着急地提问：

"于尔根博士，唐古拉目前拥有的 DNA 缺乏遗传性，不论是现在还是未来，这些基因都不能让唐古拉拥有创新能力。或许它们也曾有过遗传性，但是被企业内部系统压制而无法体现，这可能吗？"

于尔根同意丹尼尔的说法。他说："第一种情况下，唐古拉需要加入主动基因来改变缺失的遗传性。但是如果是第二种情况，目前基因的遗传性无法显现，是由于唐古拉的'免疫反应'，至于什么是免疫反应，之前的通话中我曾详细解释，我想就不用赘述了。说到这里，就会涉及基因编辑的问题：一般来说，基因编辑有三种方式，常见的有两种，即育种和杂交，但这两种办法需要的时间相对较长，需要几年甚至几十年。我想，这个过程对企业来说，太过漫长，不切实际。"大家都点头。

"或者进行器官移植。只要把一个器官移植到机体中，其中的基因自然也就进入到机体中了。但是，可能你们已经想到了，这样做可能会发生严重的免疫反应，一旦免疫反应发生，后续的工作就会非常复杂。因此，为了获得基因，移植整个器官的做法也没多大意义，反倒会带来巨大风险。"大家再次点头。

"第三种基因编辑的办法就是实施基因工程。一说到'基因工程'，大家可能会有不同的联想。总的来说，基因工程是指对基因（即遗传物质）进行改造，从而对生物体的生理化学控制过程进行定向干预的生物技术和过程。

实施基因工程的第一个办法就是重组DNA。重组DNA就是对DNA进行人工改造，利用基因工程方法在生物体外重新组装DNA。"

"很有趣，但是对我们有什么用呢？"塔雅小心地问。

"首先，你们必须意识到，目前公司的指导原则是什么，用目标倒逼行动，对缺失的部分进行补充。"于尔根解释道。"我们刚刚就是这么做的，"塔雅说，"我们已经知道，我们现在还缺少哪些创新基因。"

于尔根总结道："很好，要是这样的话，你们现在需要做的就是思考如何将这些缺失的创新基因串联起来，从而使众多基因可以互动，共同发挥作用。"

"我们之前实施的灯塔项目，不是已经尝试把单个基因组合在一起了吗？"丹尼尔问。"是啊，我们的确那样做了，但是失败了。"塔雅俏皮地说，"可能是我们没注意到基因与基因之间的联系？或许，单个基因并不能发挥作用。"

"是的，没错，"于尔根肯定了塔雅的推测，"这跟遗传学的道理一样，虽然单个基因决定了生物体的众多部分，也会对生物体产生复杂的影响，但是，对生物体产生决定性影响的是重要基因联合起来产生的影响。换句话说，就是基因之间的相互联系、相互作用，不同的基因链产生的影响不同。要深入理解这一点，就需要生物学中的高性能量子计算机[①]。但是，唐古拉没有量子计算机，你们得激活企业内部对创新的激情才行。我说这话什么意思呢？我的意思是，创新是由内而外、自发的行为，只有大家愿意主动创新，企业才能在创新方面实现突破。你们要注意，创新与单个基因无关，创新需要企业的所有基因一起联动。我想，你们也不希望手握一个优秀的，但派不上用场，无法融入企业的创新基因吧。所以我的底线是……"说这，于尔根打开一张幻灯片，在上面写下：

[①] 量子计算机是一类遵循量子力学规律进行高速数学和逻辑运算、存储及处理量子信息的物理装置。——编者注

一点一点对行动原则（创新基因）进行实验，看看它们对企业的影响如何。如果情况允许，可以一次多推进一点。最后，你们需要制订一份创新实施手册，以便企业能够适应并发展这些创新基因，改变就是要慢慢来，急不得！

开始实验

"这些听起来像敏捷管理和迭代交付基因（Iterated Deliveries Gen）——小步快跑迭代交付、定期检查优化调整。我们现在需要第一批交付，来观察创新基因在现实中的适应性。"斯文贾继续说。

"是的，没错，首先要确定方向、忍受不确定性，不要一开始就想要一个完善的宏伟计划，就连大自然都是循序渐进、逐渐完善的。"于尔根解释说。"你们不都已经有这方面基因了吗？"于尔根问。"是啊，其中两个基因就是 EU 基因（忍受不确定性）和 EE 基因（探索和实验）！"史蒂芬自信地说，然后他开始进入正题，"因此，我们得像 AWS、JOSEPHS®、'工厂城'和林茨烟草工厂的客户一样，对重组基因进行实验。重要的一点是，我们得先清楚的确定好方向，然后允许尝试。也就是说，实验要获得企业的许可。"

带着正确的问题

"谢谢你，于尔根，感谢你通俗易懂的讲解，不然，我们很难理解这么深奥的问题。"塔雅和大家向于尔根致谢、告别，视频会议结束了，大家开始茶歇。

稍作休息后，塔雅又恢复了干劲，她提出了当前面临的大方向问题：

"为了能够重新设计企业的DNA，我们首先需要解决哪些问题？我想到的第一个问题是：我们为什么要创新？过去，我们一直在用传统办法烧制屋瓦，这也是我们真正擅长的事情，为什么现在要改变？我们得先弄清楚创新的理由，这一点想不清楚，往下走是没有意义的。"

"是的，并且'怎么创新'也是个问题。"史蒂芬补充道，"我们的创新战略是什么？这场创新之旅究竟应该走向何方？我们得先确定唐古拉的创新战略，否则，后面的工作就会像'灯塔项目'一样，因为涉及的项目太多，运作起来毫无方向。"

"好，即使我们已经弄清楚这些，但是我们还是不知道该怎么重新定位唐古拉。也就是说，唐古拉究竟需要何种组织框架、何种企业结构？"佩尔的补充也非常具有建设性。

"我们已经看到，创新成功与否，完全取决于企业领导力和企业文化是否有效。所以，我们必须问问自己，那些方式方法真的能够提高企业领导力，优化企业文化吗？"史蒂芬指出。

"我认为，实施计划必须清楚，也就是，我们得清楚我们究竟要做什么，每个人在其中承担什么样的角色。"塔雅作为人力资源部经理，特别关注与人力资源相关的话题，"而且，我们必须明确每个步骤的具体操作者是谁。"

海因茨强调："不能让所有人都加入这场'旅行'。"

"最后，还有个问题：为了促成项目成功，相关员工需要具备哪些能力？"塔雅又补充了一点。

"是的，这些问题确实很重要，我们的确得把这些问题弄清楚。"史蒂芬若有所思地说，"我只想知道，我们具体应该怎么做。最后，我们得把所有的基因关联起来，并制订一本《实施手册》。如果我没有理解错的话，企业DNA重组的目的主要是改变创新环境，让环境更加适合创新战略落地和创新实施，为大家用不同方式方法实验创新基因提供舒适的场所。"

"好，"佩尔说，"这就像一支足球队要研究新动作，或者尝试不同阵容或选择不同比赛队形。他们要先训练，然后在冠军赛中对新战术进行测试。"

"好的，那就一切按部就班地进行吧。"斯文贾建议，并看向屏幕，她在屏幕上简单的记录了一下刚刚大家讨论的 7 个问题。

唐古拉的 7 个创新领域

1. 唐古拉为什么要进行创新？
2. 唐古拉的创新战略是什么？
3. 哪些因素在其中起到关键作用？
4. 唐古拉需要什么组织框架？
5. 创新实施的方式方法是什么？
6. 谁是具体操作者？
7. 相关人员需要具备什么能力？

管理委员会的成员认真研究了这些问题，并一致认为这些问题是当前最紧要的问题。斯文贾在屏幕上把这 7 个问题做成了一张图（图 7-1）：

1. 唐古拉为什么要进行创新？
2. 唐古拉的创新战略是什么？
3. 哪些因素在其中起到关键作用？
4. 唐古拉需要什么组织框架？
5. 创新实施的方式方法是什么？
6. 谁是具体操作者？
7. 相关人员需要具备什么能力？

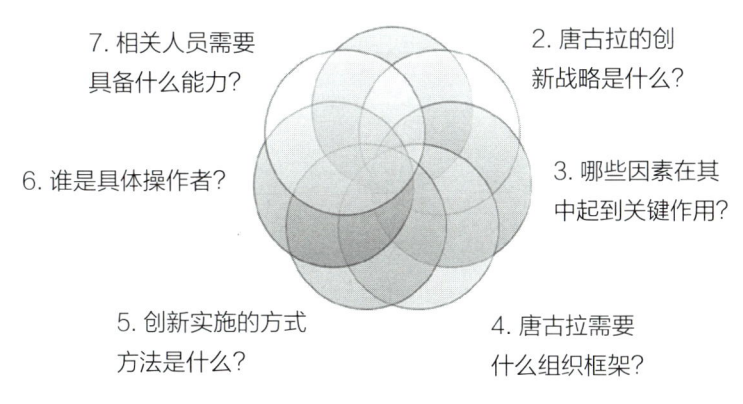

图 7-1 唐古拉的 7 个创新领域

08

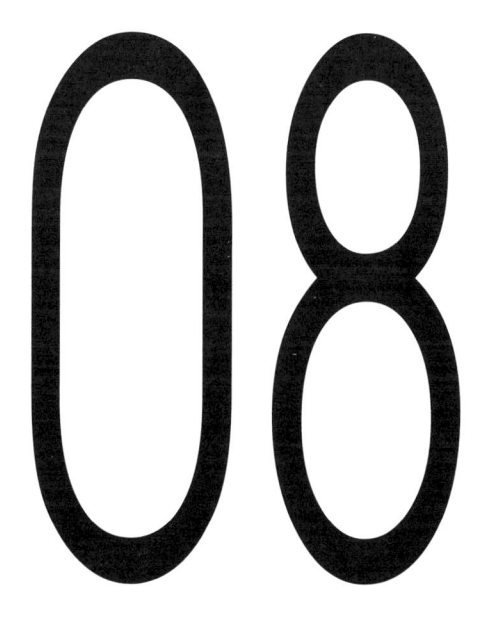

潜艇战略：重新设计潜在的 DNA

唐古拉公司——重塑传统企业创新基因的传奇故事

在这个世界上,你必须成为你想要看到的改变。

——甘地

展望未来——全面开展创新转型

自从唐古拉的管理团队在 SAP 创新中心的阁楼上找出那些问题,汇总为一张图后,时间已经过去两年半。在这段时间,黑森林有什么变化呢?

在柏林最后一次会议开完后,斯文贾回去认真地思考,接下来究竟应该怎样做。刚开始几个月,她逐渐失去了继续在唐古拉创新的动力,因为她感觉自己像被困在仓鼠轮[①]中,她满怀热情,不停转动轮子,却毫无收获。她用"跟风车斗争"来形容自己的努力。她的同事们看上去很配合,但是一到关键时刻,就把她抛弃了。大家总是优先处理熟悉的事务,因此,日常业务和核心业务具有优先权。

此外,发展创新本身就很难,斯文贾对此深有体会。她冷静地说:"只有具备专业知识和专业能力的人,才能管理创新项目。"作为一个领先的创新者,为了克服各种各样的障碍,斯文贾必须作出巨大努力。她一再仔细斟酌每个项目和措施的有效性。在现有条件下,斯文贾和她的同事们能将创新基因移植到唐古拉中吗?

这个问题一直困扰着斯文贾,她觉得仅仅为了多做一些创新,付出这

---

① 仓鼠轮是一个供给仓鼠或其他啮齿目动物运动的装置。仓鼠在轮圈中奔跑时,轮圈会不停地转动。——编者注

么多根本不值得，她的希望仿佛在一点点破灭。每次尝试都面临着失败，斯文贾本想让唐古拉创新的脚步更快，但是似乎一直都没办法克服企业的惯性。

斯文贾阅读了冈特·迪克的《创新和它的敌人》(*Das Neve and seine feinde*)，感到十分难过。书中描述了创意是如何被扼杀的，也描述了公司创新要面临的障碍是什么。"要想让创新发挥真正的价值，大家必须把它作为一项艰巨任务，全力以赴去实现。"她还能坚持多久？还是该就此放弃？

这个阶段，在 MetaFinanz 进行的实地研究可以帮助斯文贾。即便是 MetaFinanz 这样的大公司，也得经过多次尝试、反复实验，直到得出更好的实验结果。不管是"创新实验室"、烟草工厂、"工厂城"，还是 JOSEPHS®，都会有专人进行大量、长期的项目。斯文贾指出："所有这些项目的共同点是，项目操作人和项目紧密联系，至少在前期，项目操作人会亲自参与，监督项目执行。最近几年，参观的所有项目都是近年来执行的项目，都是通过自己摸索逐渐成形的。而且，在项目刚开始，没有一个人能够肯定这个项目是有效的，也没有人能肯定这个项目一定会在几年后发挥巨大的作用。"

蜕变的魔力——蜕变三阶段

斯文贾用个人习惯的改变过程来比喻企业的创新改变。一个人想要饮食更健康，那就需要从改变个人习惯开始。通常，健康的饮食指南会把这个过程分为 3 个步骤：开始、测试、优化（图 8-1）。

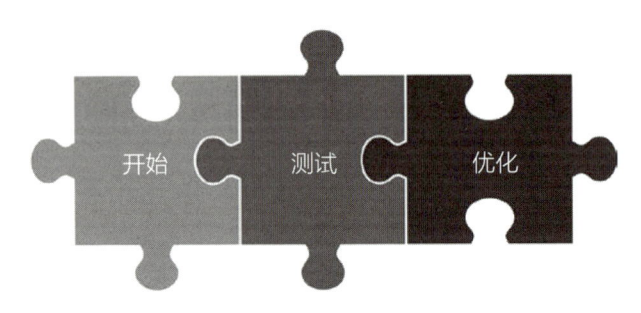

图 8-1　创新蜕变三阶段

"虽然,这不符合敏捷管理的逻辑。我们至少得先这么开始,"她反思道。开启灯塔项目并不难,甚至一些员工承诺将全力以赴,对项目表现出极大的热情。但是到了实验测试阶段就开始困难起来,诚实地讲,之前的灯塔项目压根都没能熬到第二步。斯文贾问自己:"为什么会这样呢?是不是因为我们想用熟悉的模式、方式方法来实施创新项目,一遇到困难或成效不显著就容易退缩?"

这时,她突然想起海因茨,因为海因茨通常会让其他人为他工作,他还委托一家代理机构帮他搭建创新空间。为了吸引初创企业和企业的部门主管参与项目,佩尔还联系了一个广告商。斯文贾用的是创新竞赛的办法,但是她把竞赛和KVP[①]、生产管理体系混淆了,对于"红气球",她认为:"如果我们付了钱,海量创意就会蜂拥而至!"

持续而缓慢的改善

接下来几周,斯文贾继续研究如何变革,她翻阅了大量书籍,寻找企业

---

① KVP体系是由大众汽车公司创建并推行的通过周期性的标准化的人机工程学流程,以持续减少各种无用成本,并进行团队工作和员工培训,使生产更为平顺。

变革管理的方法。她发现，有一个理论很有用，那就是今井正明的"持续改善"（Kaizen[①]）原则。Kaizen这个词来自日语，由"Kai"（=变化，转变）和"Zen"（=更好）组成，直译为"为更好而改变"。这个原则意味着，创新需要公司的全体员工共同参与，企业需要对工作、流程、程序或整个产品进行持续性改善。

"持续改善"意味着在实践中要采用小步子，每天都进步一点。这条原则背后的逻辑其实很简单：步子越小，走起来越容易。开始、优化、形成习惯，这个过程要想顺利，一个首要前提就是尽可能长时间地练习。并且，为了能够尽可能长时间地练习，必须尽可能简单。这就是把整个计划分为许多小步子的魅力所在：小步子可以创造价值！

显然，对于唐古拉的实践者来说，灯塔项目与日常业务同时进行，这一步实在太大了。此外，他们还忽略了将大家的倡议连成网络、相互联系。因此，灯塔项目还是单个部门主管负责的单一项目，众多项目同时并行，相互之间既不互相促进，也不互相影响，各个分项目方向各不相同。斯文贾总结说："我们当时太急功近利，想立即完成唐古拉的创新改革，结果步子又大，又追求完美。结果，我们没有取得任何成果。"

完美主义——创新的拦路虎

"我们常常倾向于追求完美、迈大步，就拿学生时期来说，我们追求

[①] 《改善：日本企业成功的奥秘》一书的作者，今井正明先生，他认为丰田成功的关键在于贯彻了Kaizen（持续改善）的经营思想。Kaizen是一个日语词汇，意指小的、连续的、渐进的改进。——译者注

'A'。目标越高，压力越大；步子越大，每一步的标准就越严苛。但是如果能把目标定得低一点，我们承受的压力就会变小，通过持续性改善，我们成功的概率也会变高。只有我们花费更多的时间练习新程序，才能逐渐建立一个新常态，才能在员工头脑中种下新标准，逐步带领员工进入新的工作状态。"

唐古拉之前也面临这样的错误：目标太高、步子太大。"我们太想在短时间内做出显著成绩，对身边的同事，甚至对自己期望太高。"斯文贾开始反思。"倒不如先准备烤一个'小面包'，集中精力调整配方，这样效果或许会更好。先让整个系统动起来，让员工开始意识到即将要发生的事情，不要一开始就急于找一个完美的'可口可乐配方'，立马给唐古拉制订一个大型计划，盲目期待成功。正确的做法是，降低目标，减少压力。"

潜水艇战略——不必急功近利

斯文贾被这种小步快走的逻辑所折服，她立即开始工作，将这种新原则转化为合理的商业逻辑，她将其称为"潜水艇战略"。

在浩瀚的海洋中，潜艇体积较小且可操控。潜艇只在水下停留一定的时间，定期浮出水面。因此，它们几乎是隐形的，正是这个特点，让它们成为海军的杀手锏，是不可或缺的海军资源。它们在水下运行，不会搅动海水引起波澜，因此，敌军一般无法察觉到它们的存在。

公司转型期间，需要防止大风大浪。公司线性变化时，要自上而下。精确的沟通策略和密集的说服工作是成功的关键因素。

很少有人的态度能如此彻底地转变，因为这种行为方式不符合行动者的内在动机，而且大多与主流信念相悖。斯文贾记得瑞士的雷托说过："想清楚为什么要做这件事，就会知道接下来该怎么做。当你还不知道原因的时候，该做什么自然也就无从谈起。员工只有看见自己的行动能够为集体作出贡献，或者说能看到自己的行动所带来的好处时，才能放下自己的保护罩，正确发挥自己的才能。"

"走走停停"原则——敏捷循环

因此，斯文贾的潜艇战略使用了敏捷管理，让整个流程更敏捷。敏捷周期一般由 5 个步骤组成：

1. 初始阶段：管理委员会在柏林提出的 7 个代办问题；在此基础上，列一个全面的任务清单（积压任务清单）；展示小型团队的"潜水"计划。

2. 计划阶段：制订潜水计划的目标，制订各个潜水计划的目标。

3. 行动阶段：直接下水，短时间内冲刺实验，或者仅仅先尝试一下。有一点很重要：潜水前要先做到明确目标、准备充分、定期进行、节奏可控。因为潜水不会持续很久，这就非常需要把握节奏、选准时机。一旦下了水，开弓没有回头箭。只有实验成功，才能真正延续 FF 基因（集中力量）。

4. 检验阶段：出水后，将在水下实验获得的经验整理汇总，进行反思，以便在下一个冲刺计划中应用。在练习这些新程序时，要走走停停，勤于反思，尽可能继续打磨、优化下一步计划。这样，团队就会渐渐进入小步快跑、停下反思、继续小步快跑……的循环模式。

5. 最后阶段：依赖性管理。每个潜水阶段都会生发出员工的依赖心理，唐古拉需要找到相应的创新基因，对症下药，解决依赖问题。

> **潜艇战略行动方案**
>
> 1. 初始阶段：收集并优先处理积压问题，寻找问题解决方案，为下一次潜水任务确定优先级任务清单。
> 2. 计划阶段：从每个问题中找到合适的创新基因组合，制订行动目标。
> 3. 行动阶段：实践基因组合、练习新程序。
> 4. 检验阶段：反思总结，把成功经验运用在下一次潜水任务中。
> 5. 冲刺阶段：总结历次潜水任务中的新发现，管理团队加强合作，制订新的行动策略。

15-10-15 逻辑——将足球比赛的策略应用在唐古拉

这种潜水逻辑的原理大约就像每进行 15 分钟就暂停 10 分钟的足球比赛，一个半场比赛 15 分钟，暂停 10 分钟，然后再比赛 15 分钟，整个比赛由上、下两个半场组成。90 分钟的比赛，中间的休息时间可以让队员再练习一下新动作，商讨不同的应战阵容和比赛策略。

通过这种模式，管理委员会可以开始采取更小的步子，这样就会看到阶段性成果，就算遇到问题，也能尽早发现。

检查基因组合的有效性

初始阶段需要找出各自问题、选出合适的创新基因。斯文贾解释道："我们首先试图了解各个创新基因的意义，并考虑清楚哪些创新已经存在、哪些创新可以使用、用何种方式方法使用这些创新基因。在这个过程中，基因的作用或者基因间的相互作用很快就会体现，单靠'创新空间'的基因是没有效果的。"

斯文贾继续说："作为潜艇战略的一部分，我们在行动阶段试验了以下创新基因：CC 基因（客户共创）、CE 基因（好奇与热情）、CF 基因（继续支持）、DT 基因（团队多样化）、EE 基因（探索和实验）、EI 基因（热衷发明创造）、EU 基因（忍受不确定性）、FF 基因（集中力量）、FR 基因（灵活的角色）和 HA 基因（超越意识）。潜水战略向我们生动地展示了基因组合所能达到的效果。"

但是我们也发现，不是所有基因都适合我们，也不是每一对基因组合都有意义、都能成功。由于我们在小范围内进行了实验，并不断测试基因组合的效果，看看哪种基因组合在唐古拉中有效，哪些基因组合并没有体现出预料的免疫反应。

同样，潜水战略也帮助我们磨炼了战术，因为每次重新组合基因都会带来新的经验。潜水战略最初持续最多 3 天，随后部分交付，将得出的结果与客户反馈以及管理委员会合并。

"随即，大家找到了哪些基因组合可能对处理哪些问题有用。在重新下水之前，首先要明确前几次潜水的发现，这很重要。还有，实验是在几次潜水中同时进行的。"斯文贾解释了这个潜水战略的过程。

斯文贾现在跟大家强调，要一步一步进行。斯文贾是对的，显然一步一步进行，效果更好，能实现比预期更好的结果。因此，管理委员会将各个基因组合分解成容易实施的小步骤，一步一步实现，最后再重组整个企业的 DNA。整个过程花费了一年半时间。

企业 DNA 的设计原则

个人潜水也遵循以下指导原则，也可以使用不同的创新基因：

● 潜水开始前，要对各自面临的挑战有一个准确定义。准备工作的重点是，以 UC 基因（以用户为中心）为基础，从待研究的海洋生物（即用户）的角度准确描述挑战，尽可能多地收集有关问题和有关对象的案例。

● 明确角色和承诺：参与潜水的每个人都承担着一个明确的角色，主管要居中协调，产品负责人管理所有内容并为岸上的管理委员会实时汇报。所有参与人一起创建积压任务清单，准备冲刺阶段的工作。由 4～5 名员工组成的团队继续解决积压的工作，其他人员——其他参与者、专家或挑战者，选择性加入工作。这里用到的创新基因是：CF 基因（继续支持）、FR 基因（灵活的角色）和 DT 基因（团队多样化）。

● 座右铭：团队全神贯注、全心全意地投入潜水工作。所有相关人员在工作进行期间都要坚守岗位。潜水是一个多人合作、集中进行的工作，在几天内就得完成。在这段时间里，以 FF 基因（集中力量）为基础，现在的业务不再重要。

● 小步快跑、和时间赛跑，而不是不区分项目阶段，盲目去做。以 RT 基因（把控好节奏和时间）为基础，把握好节奏和时间，就会获得阶段性成果。

● 不断测试、具体化、优化，而不是陷入无休止的争论。运用好原型思维，可以将优秀的解决方案迅速转化为现实，而且能迅速检验成效，这就是 ID 基因（迭代交付）和 EE 基因（探索和试验）结合所能起到的效果。

● 要专制，而非民主：在决策过程中，"共识原则"会影响决策效率，因此，决策需要少数服从多数，同时需要一个人领导整个决策过程（过程领导力），这样可以避免讨论演变成无休止的争论，从公司的大局和战略出发，快速确定任务的优先顺序。

● 开始行动而不是追求完美：漫长的讨论很少能带来成果。就拿孩子在学校的考试成绩来说，就算一开始得到的是"C"，也不影响孩子未来作出惊天动地的成绩，因此这会激发孩子的勇气和冒险精神（敢作敢为、承担风险），作出更有利于自己的决定。

实施潜水战略不需要投入大量的注意力、精力，员工也不会被迫应对五花八门的并行项目而心力交瘁。唐古拉的员工都有很大的潜力，只是从前在很大程度上并没有被注意到，因为最初只有管理委员会成员和少量员工参加，大部分人并没有参与进来。保持小团队、高活力、快节奏，这会解决团队惰性问题。

每次潜水的目的是解决手头问题，而不是为了表达主观的、个人的观点或利益。一旦潜艇重新浮出水面，参与者就要与管理委员会一起评估实验结果。之后，结束任务，或者商讨下次潜水的行动计划。

斯文贾非常注重干净利落地完成任务——完成技术性潜水。转型（长时间潜在水中或海底）容易让自己长期只关注自己。但是，潜水必须始终按照预定步骤进行。唐古拉的员工应该继续把精力放在核心业务和实验上，而不是过多关注自己。

创新基因发挥作用的前提是获得系统的信任，以小步快跑的方式融入企业，慢慢在企业中扎根、整合。同时，还有一件事同样重要，那就是收集成功的基因融合经验，评估可接受的创新基因量。

所有参与者要积极体验，自己先进行小幅度转变，然后使用敏捷工作方法，找准自己的角色，在实践中继续尝试新可能。"只有在尽可能长的时间里尽可能多地练习，我们才能打破旧常态，建立新常态。只有经历了这个过程，我们才能逐渐得出结论、获得新标准、接受新状态"。斯文贾想起她之前读过的书中的这句话。

学会短程冲刺

唐古拉参与创新的员工要和其他公司的员工一样，首先要潜心钻研如何短程冲刺。短程冲刺是一种新的合作形式，完全不符合以往传统项目的工作模式，由于之前的旧模式、旧规则早已深深根植于员工心中，因此，参与者刚开始对这个项目的任务和角色都有误解。只有认真学习，员工才能慢慢意识到其中的一些不同之处。比如说，产品所有者不需要亲自领导潜水，再比如，敏捷工作具体在哪方面能够对企业创新有所促进。

根据"动手原则"，每个人都有责任处理短时间潜水造成的混乱。但是，大家习惯在过去运营良好的旧项目中寻找问题解决方向。斯文贾很快就了解了这种免疫反应，因为这种免疫反应仅仅在少数人身上会出现。幸好她和佩尔先前对潜水的准备和监管十分充足。他们还在潜水开始前，评估了最多同时可以进行几个潜水项目，并且预想了唐古拉的问题。

人员配置的挑战

然而，最大的挑战是基于 FF 基因（集中力量）的全职人员配置问题。当然，任何人都知道工作需要短时间的专注和奉献，但是具体怎么做？毕竟，每个人手头都不止一件事，大家都有许多工作要同时推进。事情一多，大家就开始从旧项目中找解决办法，这明显是免疫反应的表现，唐古拉得先正确认识这一点，才能开始寻找解决办法，对症下药。

人员配置出问题，合作极有可能会失败。很多潜水项目因为人员配置不当不得不推迟。

"我们同时推进的项目和任务太多，导致每个项目都进展缓慢。"丹尼尔总结道。他在事件的积累中突然发现了一种模式："单个项目、决策或人与人之间的依赖性非常大，因此，项目推进太费时间"。在头 6 个月，丹尼尔本人甚至一次潜水都没参加，作为生产经理，部门工作早就把他的时间全部占尽。他觉得好像有什么东西或什么人制约了他的创新。

"不可能一退出就是两三天，像去度假了似的。"塔雅指出。"跳出'仓鼠轮'，专注于创新，这是我们必须要达到的'下一个水平'。说实话，这从一开始似乎不太可能，但是这种方法迫使我们开始质疑旧制度，打破旧常规。这就是 BR 基因（打破传统）的作用。""数字戒毒"[①] 原则也是如此，一开始似乎也无法在唐古拉实施。在工作阶段，参与者一次又一次伸手掏出手机准备回复电子邮件。

放弃 80/20 模式

最后，斯文贾提了一个建议：关键人物应该把 80% 的时间花在日常业务上，剩下的 20% 花在潜艇战略上。这么做是为了创造必要的资源、自由空间和工作规则，保证日常生产工作和创新工作能够平行推进。经过几周的讨论，管理委员会正式同意了斯文贾的提议，选出其中 8 个人切换到 80/20 的工作模式。但是 3 个月后，他们提出要放弃这个工作模式，这是为什么呢？

"这么做不合适，其他员工负担太重了。"史蒂芬说，"这 8 个人只需要在潜艇战略中投入 20% 的时间，那么他们剩下的工作就得别人承担，也就是

[①] 英文为 digital detox，指要求一个人在一段时间内放弃使用智能手机、电视、电脑、平板电脑和社交媒体等数字设备和科技。

说，其他人得投入 120% 的时间。这么一来，其他员工哪还有时间继续日常的生产工作？但是事实是，他们还是得去完成那些日常工作，不管创新工作占用了多长时间，日常工作都不能落。长期下来，员工工作负荷过重，会让员工消极怠工。"

"80/20 工作模式听上去不错，但是我们低估了这样做的后果！"史蒂芬也承认。"在推进日常业务的同时做一点创新工作是不够的。我们没有让员工放下日常业务，日常业务一直占据着员工的大脑。"其中一位参与者说，"其他公司也是这样，之前谷歌也推行过这样的工作模式，但是不久前他们也放弃了。"

"与此同时，我们已经理解了 FF 基因（集中力量）的附加价值。"史蒂芬解释说，"员工要么进行潜水项目，要么留在大本营，不能同时兼顾两项工作。现在，我们可以更容易地计划'中场休息'、跟进必要纪律。我们已经学会如何短跑冲刺，即在短时间内获得阶段性成果。'FF 基因'现在已经获得了所有参与者的理解和赞赏，他们的意见在重塑企业基因中发挥了关键作用。特别是潜水项目的实施，迫使我们更加自律和专注。今天，我和管理委员会、项目团队开会时，没有人再翻阅手机邮件了。我记得之前，在开讨论会时，大家都无法完全专注于会议内容，总是时不时掏出手机查看邮件。"

同时，FF 基因（集中力量）也在唐古拉发挥了作用，现在，员工已经不再多线执行任务了。将新基因融入企业文化，对员工提出的要求很高，而且也需要时间。在潜水中，参与者体验到了如何以不同的方式处理团队合作与个体行为之间的互动：敏捷、自主决定和可持续。它们就像"黑客"，会对早已根深蒂固的传统工作流程蓄意发动进攻。小变化带来大影响，这远远超过了任何有序变革的作用。利用 BR 基因（打破传统），唐古拉的旧式常规被成功改变，新规则通过测验，由相关负责人融入唐古拉的各个工作领域中。

三个潜水区

经过多次试验,唐古拉得出结论:不要在同一时间推进过多项目;要将潜水行动分为三个潜水区——定向潜水、探索潜水、海底潜水。

三个潜水区的指导性问题

潜水区 1:定向潜水

1. 我们为什要创新?
2. 我们的创新战略是什么?

潜水区 2:探索潜水

1. 潜水中什么因素起关键作用?
2. 我们需要什么样的创新框架?
3. 我们用什么来创新?

潜水区 3:海底潜水

1. 谁是关键行为人?
2. 这些人需要做些什么?

09

潜水艇下潜：重塑唐古拉 DNA

唐古拉公司——重塑传统企业创新基因的传奇故事

那么，潜水实验中究竟发生了什么？进行了哪些实验？对哪些基因进行了测试？确定了哪些行动步骤？在这个过程中，唐古拉的队员们要克服哪些挑战？他们又从中学到了什么？

管理委员会在行动中始终遵循其潜艇战略的方法，这里，我们将对此进行回顾：

> **潜艇战略行动方案**
>
> 1. 初始阶段：收集并优先处理积压问题，寻找问题解决方案，为下一次潜水任务确定优先级任务清单。
> 2. 计划阶段：从每个问题中找到合适的创新基因组合，制订行动目标。
> 3. 行动阶段：实践基因组合、练习新程序。
> 4. 检验阶段：反思总结，把成功经验运用到下一次潜水任务中。
> 5. 冲刺阶段：总结历次潜水任务中的新发现，管理团队加强合作，制订新的行动策略。
> 6. 评估阶段：评估潜水结果，找到其与管理之间的依赖性。

在潜水过程中，管理委员会成员越来越多地内化了 59 个创新基因。他们越来越成功地将他们的想法和谈话与个人的创新基因联系起来，现在这些基因在积压文件旁边的海报上都清晰可见（图 9-1）：

09 潜水艇下潜：重塑唐古拉 DNA

1. 为什么要创新？	2. 创新战略是什么？	3. 起到关键作用的因素？	4. 组织框架的模型？	5. 实施的方法？	6. 具体操作者？	7. 相关人员的能力？
AT 适应性转型	**AR** 雄心与决心	**CA** 文化意识	**BR** 打破传统	**EM** 员工流动	**AA** 部门内自主与部门间协调	**CD** 建设性对话
CP 敢于行动、抓住重点	**CF** 持续支持	**CR** 敢作敢为、承担风险	**BT** 基准化、透明化	**EU** 忍受不确定性	**CM** 能力匹配	**CE** 好奇与热情
DS 转移重心	**EE** 探索和实验	**DT** 团队多样化	**CC** 客户共创	**ID** 迭代交付	**EI** 热衷发明创造	**CL** 不断学习
ER 员工的责任意识	**FF** 集中力量	**FR** 灵活的角色	**CS** 创造空间	**MP** 目的决定方法	**IT** 包容性思维	**DD** 要么行动，要么死亡
GM 成长思维	**HA** 超越意识	**HL** 领导要谦逊	**DE** 脱离企业、保持距离	**MR** 心存警觉、弹性创新	**SR** 有创新精神的员工	**EC** 轻松处理问题、庆祝阶段性胜利
IA 个人欣赏	**JE** 创建集体经验	**MS** 辅助和支持	**HT** 混合型思维	**RT** 把控节奏和时间		**JF** 联合预测
MM 找到意义	**MC** 创新热情	**PS** 心理安全	**OM** 所有权与主要股份	**SC** 展示案例		**PA** 热情讨论、彼此适应
MT 大胆想象	**PD** 坚定、持久		**ON** 开放型网络	**ST** 初创思维		**PL** 过程领导力
	PM 问题挖掘		**RD** 减少防御	**TR** 容忍重复		**RS** 简化流程
			RM 角色塑造	**UC** 以用户为中心		**SD** 自我管理、分散团队

图 9-1 59 个创新基因一览表

定向潜水：为什么创新

> **需要优先处理的积压问题**
>
> 1. 对唐古拉来说，什么是创新？
> 2. 我们为什么要创新？
> 3. 如何区分创新和 KVP（持续优化进程）？

什么是创新

从第一次潜水行动开始，每个参与者都表现出对创新的不同想法。"我对潜水的印象是，依靠大家、通力合作，我们能做成一切：潜心研究、钻研趋势，通过与客户合作，用技术提供新服务。"斯文贾对此非常惊讶。"我们应该以更加独特的方式看待这些创新主题，并了解清楚它们之间的联系。要做到这一点，我们首先需要界定清楚什么是创新。我认为，大家需要一起讨论一下 PA 基因（热情讨论、彼此适应）！"

"因此，对我来说，创新显然是唐古拉核心产品得以进一步发展的有效方式，创新还可以优化屋顶瓦片的产品质量。除此之外，还有什么？"海因茨说。

"好吧，在我看来，创新能保障我们的企业基业长青，就算过了 20 年，我们还是在烧制屋瓦，我们仍旧屹立不倒！"丹尼尔表情自然地说，"因为通过创新，我们可以调整策略，走上正确的发展道路。"

"我认为，创新就是成功帮助我们优化营销策略和分销渠道，让其更加适应不断变化的国际市场和日渐来临的数字化时代，"佩尔说。

"创新只是个结果，抑或是达成目的的手段？"塔雅好奇地问。"我深信，只有企业具备 GM 基因（成长思维）或 AT 基因（适应性转型），能够迅速适应内外需求变化，才能让企业超越日常业务，继续发展。"

佩尔补充道："我认为，创新既能创造增量，也能带来快速创造利润的解决方案。""是的，确实是这样，"海因茨同意，"创新总是能提供解决方案，最终会带来商业上的成功，有助于企业商业化发展。因此，有了创新，市场就能蓬勃发展，会让我们感受到前所未有的惊喜！"

"创新一定能给出有关产品的解决方案吗？或者说，我们的第三方工厂最近采用的新工艺也是一种创新吗？"丹尼尔插了一句。

"是的，我也是这个意思，"佩尔同意丹尼尔的话，继续说，"我们还得考虑我们创新的动机。在这一点上，我不确定我们能否达成一致。有了 MT 基因（大胆想象），我们可以放飞思维的翅膀。我们为什么要将创新与我们的屋瓦产品关联？思考一下我们如何利用自己的技能和经验解决完全不同的问题，这不是也很让人着迷吗？但是，创新会在短期内将我们带向完全不同的方向。我们可能真的要先放弃传统的'运动场'，好好发挥 CP 基因（敢于行动、抓住重点）和 DS 基因（转移重心）。"

海因茨总结道："我很清楚，创新就是各个基因之间的巧妙互动。因此，唐古拉要想实现创新发展，就需要重新配置企业 DNA，这其实也解释了到底什么是创新。"

史蒂芬举起一只手，示意大家停一下，他说："正如我们看到的，创新就是发现新事物。拥有一个想法很容易，但是如何实现想法真正的价值呢？这一点，我们还在起跑线上。我只想听到真正的创新，也就是说，具有可操作性、能够商业化的想法。我的大学教授以前总说，'创新 = 发明 + 利用'。"

斯文贾也提出了自己的观点："也许我的公式能帮助大家，它简单明了地展示了创新的内涵，创新 = 想法 × 行动 × 商业化。"

塔雅一听非常欣喜："太棒了，这就包括了所有的东西，是一个完美的解决方案。"

为什么要创新

针对第二个问题，斯文贾是这么解释的："首先，我们如何理解创新？其次，为什么唐古拉要创新？"她指着挂在墙上写着 MM 基因（找到意义）的海报，继续说，"只有当我们自己弄清楚这两个问题，认真思考如何才能成功停止'创新闹剧'，我们的付出才有意义。下一次冲刺，我们将解决这个问题！"

史蒂芬坚定地说："为什么要创新？因为我们希望获得长期成功，我们希望在不断减少的市场中继续成长，我们希望成为独一无二的企业，成为行业先驱。我们希望为企业挖一条'护城河'，以客户为中心建立公司！布吕尔总是想得很远，他有 EI 基因（热衷发明创造）。对他来说，创新一直都是达成目标的一种手段，为了解决问题！"

如何区分创新和 KVP

为了进一步解释，斯文贾建议马上开始厘清创新能在哪些领域发挥实际作用。这里，她用到了 BR 基因（打破传统），彻底放弃"持续改进"这件令人厌烦的事情。KVP 不应继续与创新混为一谈，从现在开始，要马上开始行动。通过这种方式，她在很短的时间内就为自己创造出足够的创新空间，让自己能够全心全意投入创新中。

哪些创新基因可以与唐古拉的 DNA 融合

在潜水行动中，唐古拉管理委员会发现，以下基因可以整合唐古拉的 DNA 中：

> **适应阶段：可以融入唐古拉 DNA 中的创新基因**
>
> 1. AT—适应性转型：一个组织要对内部改革和外部改革的必要性反应灵敏、迅速适应，要第一时间发现组织的改革需求。
> 2. CP—敢于行动、抓住重点：企业要致力于形成战略路线，在执行过程中不断交流，收集意见并不断完善，如果方向有偏差，也要敢于及时矫正方向。
> 3. DS—转移重心：企业要学会将现有的能力和技术转移到新的应用领域。
> 4. EI—热衷发明创造：企业要有发展壮大的雄心，有敢为人先的魄力，敢于开发新事物，敢于直面差异化，有为客户提供独一无二的产品或服务的愿望。
> 5. GM—成长思维：组织不是一个成品，而是一个不断优化、不断发展的活的有机体。
> 6. MM—找到意义：组织要从发展目的出发，充分解答"为什么要创新"这个问题，让每个人都理解这么做的好处。
> 7. MT—大胆想象：大胆想象！——有意识地大胆想象，让新想法帮助自己重新思考问题。
> 8. PA—热情讨论、彼此适应：团队间激烈讨论，协调新需求。

定向潜水：我们的创新战略是什么

> **需要优先处理的积压问题**
>
> 1. 我们应该从企业战略中衍生出何种创新战略？
> 2. 如何根据"三层面理论"制订创新战略？
> 3. 如何调整和发展企业创新战略？

我们应该从企业战略中衍生出何种创新战略

第二次潜水任务首先需要处理的问题是：制订创新战略。斯文贾与产品负责人史蒂芬一起，先仔细研究了企业战略，以此确定唐古拉未来的创新场所。之后，他们一起开始尝试开发创新战略的原型，这个战略是企业战略的衍生。除了确定创新场所和创新目标之外，他们还想要把各个活动相互关联，最后提出一个创新实施计划。

如何根据"三层面理论"制订创新战略

为了将创新课题系统化，斯文贾和史蒂芬使用了他们在 Hubraum 学到的关于创新和持续增长的"三层面理论"来制订创新战略，他们对这个理论的定义如下：

> **"三层面理论"定义**
>
> 1. 第一层面：在未来 12 ~ 18 个月内拓展并确保核心业务的运作。
> 2. 第二层面：在未来 18 ~ 36 个月内开发创新产品和服务。
> 3. 第三层面：着眼更远的未来，专门研究在近 3 年内可以实施的未来的商业模式，也就是找到有生命力的候选业务。

这样划分业务，可以帮助团队在短时间内更加妥当地安排工作内容、制定工作目标和行动方案。

第一层面：聚焦核心业务——循序渐进、逐步创新

第一层面侧重于进一步持续发展和优化核心业务的产品和服务。这么

做是为了更加深入地了解客户需求，以便能够更全面、更深刻地满足客户需求。唐古拉现有的商业模式不会因为第一层面的创新活动受到质疑。

聚焦核心业务，重点是优化，特别是要更多地使用新技术，例如内部流程自动化。唐古拉首次冒险，在部分生产中试行人工智能。

第二层面：开发创新产品——开展变革、创新过渡

第二层面聚焦开发创新产品。对此，唐古拉更加开放的组织结构成为基础，将新的组织结构与现有的组织结构结合，得以让创新在公司总部之外一步一步健康发展。

团队通过研究失败的灯塔项目，并经过实地考察，组建成跨部门敏捷项目团队，开始为唐古拉的经典砖瓦系列产品制订独特的定位和战略部署，其中也采纳了第一次"外部潜水"的经验。

潜水行动脱离公司总部

这么做是为了让一个团队有机会摆脱唐古拉总部的离心力和控制，正如 DE 基因（脱离企业、保持距离）所说的那样。史蒂芬希望团队与唐古拉总部之间的联系不要太紧，防止团队依赖总部，但是也不能让团队和总部之间的"绳子"太长，这样有可能导致团队与总部之间失去联系。一个大胆的实验！团队最终决定更详细地确定与斯图加特机场合作的内容——尤其是"红气球"项目。

项目团队暂时先在机场的创新中心定居。随即，各个利益相关方面开始分析这个项目需要哪些创新基因才能成功。首先，他们需要将该项目确定为企业创新加速器计划的一部分。为此，团队成员需要按照 FF 基因（集中力量）全心全意投入工作，并遵循 CF 基因（持续支持）的准则，对团队工作进行调节。

我们的目标是，进一步具化初创企业的商业理论，并在各方都参与（ON 基因，开放型网络）的创新生态系统中验证。这样一来，我们就可以开发出一个可以在印度市场首次测试的产品系列：一种坚固、耐热、小型、技术含量较低的插接砖，这种砖可以抵御特殊天气，特别是旋风这样的恶劣天气。

当方案提交给管理委员会表决时，海因茨强烈反对："为什么用的是我的员工，项目却要交给别人？难道我的部门经验不足吗？这么做，我的存在不就失去意义了吗！我希望成为研究项目的领导人！"

"这个项目不会由你负责，海因茨。"塔雅在会上明确表态，"之所以这么做，是为了让团队脱离总部的掣肘，在外面呼吸一下新鲜的空气！"海因茨还是不理解，语气中带着责备，"我想你是要告诉我，我该走人了。""好了好了，"史蒂芬缓缓地说，"不光是你，我们所有人都是这样……"

在过去的 10 年中，海因茨已经建立起了自己的帝国，但是，公司的法律事务现在已经无法跟上时代发展的速度了。产品开发耗时多年，但是，公司最近一次对经典产品进行创新还是 15 年前。没有人想再听到他继续墨守成规、因循守旧的借口了。

基因重组现在开始

是时候该确定一个方向了，虽然这样使海因茨很懊恼。海因茨需要发布一个明确的声明，好让每个人都清楚知道公司的立场："公司支持该项目在外部按计划实施。海因茨仍旧是公司研发部的主管，这一点永远不变。""但是我们必须把未来可能出现的问题找出来，一起寻找解决办法。海因茨，我们深知，没有你，就没有唐古拉的旋风保护砖。但是，你也应该清楚，正如我们之前在实地考察中看到的那样，我们需要 FR 基因（灵活的角色），让员工灵活转变角色，这意义非凡。根据 FR 基因，你将成为项目导师，帮助年轻的团队工作。我们需要初创公司的数字技术和 HA 基因（超越意识），我们也需要 EE 基因（探索和实验），它们会帮助公司实现突破，然而，这些基因是我们没有的，我们需要在公司的 DNA 中融入这些基因。除此之外，我们公司拥有自己领域的相关专业知识，我们要擅长运用 DS 基因（转移重心）。同时，加速器需要 CF 基因（持续支持）才能加速企业的流程。对我们来讲，这是一个真正的学习机会，不单单是海因茨，我们大家都需要重新思考。"史蒂芬说。

海因茨深吸一口气，大家以为他要起身离开了，但是没想到他却平静地说，"好吧，看上去是这样，那就这么干吧！"

但是，令人紧张的情况发生了。在第二次潜水结束后，管理委员会内部的免疫防御系统被激活。不过史蒂芬对项目非常赞赏（IA 基因，个人欣赏），因此，海因茨决定对抗自己的非特异性免疫，并打算以一个新的角色继续留在公司，为项目团队提供建设性的意见。

第三层面：放飞想象力、发展新可能——颠覆过去、突破传统

事实证明，实现第三层面的目标很困难。毕竟，这需要有意识地放飞自我想象力、扩大自我视野的能力。"实际上，我们会发现，去幻想一个还未出现过的事物是很难的。因为人类所有的想象都是基于现有事物的。"史蒂芬说。通过使用创造性技术工作，也并没有取得任何进展。团队一直在原地打转。唐古拉的员工缺乏想象未来的能力，或者干脆说没有 MT 基因（大胆想象），并且还缺少来自外部的必要的灵感。

跨部门思考

为了能够正确评估未来的发展和机遇，斯文贾和佩尔利用战略展望的方式建立了一个项目。这个项目是为了观察市场趋势、分析市场数据，从现有

的不确定性中开发产品替代方案。这是团队第一次有组织的尝试：思考并勾勒出唐古拉各个部门的未来发展图景，并将其纳入公司的创新战略中（JF 基因——联合预测和 MC 基因——创新热情）。

"我们必须学会立足长远，我们要大胆摆脱现有价值链的束缚。我们已经在之前的实地考察中看到，'三层面理论'需要在市场中与企业生态系统结合才能发挥作用。"史蒂芬总结道（ON 基因—开放型网络）。因此，唐古拉首先要寻找有发展前景的创新合作伙伴，与此同时，特别要注意降低自身风险。

"我们在'创新实验室'学到一点：要么自己实施一个想法，要么投资一个合资企业，要么在一个初创公司中占有少数股权，也就是运用 OM 基因（所有权与主要股份）。后一种情况，虽然我们没有百分之百的话语权，但是，我们看中的是创始人的创业热情，他那么积极主动地工作最终会使投资人受益。"

一个初创企业如果想发展为独角兽企业——市值超过 10 亿美元或欧元，至少需要两种基因：PM 基因（问题挖掘）和 MT 基因（大胆想象）。只有这些基因之间相互作用，才能迸发出必要的灵感，解决未来问题。

因此，斯文贾的任务是与新伙伴一起审视全球问题和未来挑战。我们怎么才能利用好我们的经验和唐古拉的专业技术解决好全球性问题，超越以前的"砖瓦世界"呢？

如何调整和发展企业创新战略

一开始，唐古拉也有创新战略，只不过，这些创新战略仅仅停留在纸上。尽管如此，对唐古拉来说，这也是伟大的飞跃，因为至少唐古拉开始有了改变的雄心和努力，并且开始将 AR 基因（雄心与决心）和 AT 基因（适应性转型）牢牢组合在公司的 DNA 中。

项目伊始，管理委员会的承诺以及柏林会议后开始的发展进程（MC 基因——创新热情）对公司发展产生了决定性影响。说实话，其实这种影响早就开始了，因为布吕尔早在两年半前给管理委员会的信中就已经提到了，那封信正式拉开了唐古拉创新的序幕，正如布吕尔信中所说，"一切照旧"已经不可能了。

但是，有了想法还不够，重要的是，运用 EE 基因（探索与实验）开始行动，立即工作。团队在每个项目上花费的时间不同，有挫折也有成功。在此期间，他们还获得了一些不能马上付诸实践的新想法。通过这种方法以及斯文贾的潜艇战略，唐古拉的创新战略一步步显现。唐古拉的员工们通力合作，一起帮助企业发展出可以精准识别内部和外部需求变化的能力，并不断调整。唐古拉的转型之路已启航，创新的巨轮正缓慢驶向远方。员工们心中都有一个目标和远景，他们愿意给新事物一个机会，他们有耐心面对长时间的思考。PD 基因（坚定、持久）渐渐在唐古拉生根发芽。

哪些创新基因可以与唐古拉的 DNA 融合

在潜水行动中，唐古拉发现，以下基因可以整合到唐古拉的 DNA 中：

适应阶段：可以融入唐古拉 DNA 中的创新基因

1. AR—雄心与决心：要有雄心，认真寻找属于自己的独特地位或让自己处于战略上的有利地位。
2. AT—适应性转型：一个组织要对内部改革和外部改革的必要性反应灵敏、迅速适应，要第一时间发现组织的改革需求。
3. CF—持续支持：企业要确保持续支持创新活动。
4. CP—敢于行动、抓住重点：企业要致力于形成战略路线，在执行过程中不断交流，收集意见不断完善，如果方向有偏差，也要敢于及时矫正方向。

5. EE—探索和实验：企业亲自定义"自由空间"并亲自尝试，这样企业就会知道边界在哪里。

6. FF—集中力量：要将团队资源集中在一个项目上，不要让几个项目同时分割企业资源。

7. FR—灵活的角色：允许组织中不同的人灵活承担不同的任务和角色，不需要受制于等级制度。

8. HA—超越意识：决策要依据数据和信息，而不是直觉。

9. IA—个人欣赏：以欣赏的眼光看待创新，即使很难实现也应当尊重它。

10. JF—联合预测：在结构化讨论中，与其他人一起对未来的发展情景进行跨行业思考、开发或概括，并将其转化为战略方针。

11. MC—创新热情：管理层的创新性思维和实践会对组织发展创造巨大贡献。

12. MT—大胆想象：大胆想象！——有意识地大胆想象，让新想法帮助自己重新思考问题。

13. OM—所有权与主要股份：将更多股份留给创始人（＜50%），其他人只占少部分股份。

14. ON—开放型网络：各方面参与者协同合作，建立一个开放网络，确保各方知识、技术能够转化为企业的创新能力。

15. PD—坚定、持久：当你确定某个客户需求很重要或者未来一定会被客户需要时，就要坚持不懈地追求这个目标，不要被外界声音所干扰。

16. PM—问题挖掘：深入分析某一应用领域问题所在并开发出新的解决方案的能力——有时，我们需要挖掘的问题远远超出现有的问题。

探索潜水：什么起作用

> **需要优先处理的积压问题**
>
> 1. 唐古拉需要哪些角色？

唐古拉需要哪些角色

领导者的角色受到质疑

一次董事会会议的间隙，史蒂芬问布吕尔："您有时间吗？我有个问题一直想不通……""霍夫曼先生，是什么问题困扰着您，您请说，"布吕尔关切地问，并准备好认真倾听这位总经理的想法。"在前往德国、奥地利、瑞士这些创新高地的旅途中，我们了解到了一些新概念，这些概念特别强调公司中个别员工的作用。比如说林茨的烟草工厂和圣加伦的 WIDMED，这两家公司就展示了一个有意识筛选出的员工在公司的生态系统中发挥的作用和带来的好处。我们把这种创新基因叫作 FR 基因（灵活的角色），基于 FR 基因所呈现出的理念，公司里的每个人都可能承担多重角色，并且员工们也乐于承担多重责任，当然，一段时间后如果他们想放弃某些角色，也是被允许的。"史蒂芬给布吕尔解释。"这种基因不是已经在唐古拉里存在了吗？"布吕尔打断史蒂芬说。

史蒂芬顿了一下继续说："布吕尔先生，在过去的 30 年里，您在唐古拉先后担任过各种重要角色。您是一个有远见的、敢于冒险的企业家，也是一个敢于大胆想象、勇当先锋的实干家。正是因为您敢于批判、有活跃的思维和人际网络、有理想有抱负，才能一次又一次克服各种艰难险阻，从危机中找到生机，成为赢家，您的身上绝对有 GM 基因（成长思维）。"

史蒂芬小心地看了看布吕尔，布吕尔沉默不语，于是史蒂芬继续说："您几年前退出了企业的经营性业务，但是不论是以前还是现在，您对管理委员会的影响都是很深刻的。最近几个月在公司发生的创新活动，也是由管理委员会倡议的。我觉得，近年来，不管是在正式场合还是非正式场合，我们中还没有人能向您一样承担过多种角色，虽然总经理已经开始这样做了，但是也仅仅只有这一人而已。很多事情还是'像往常一样'。"

布吕尔先生似乎在思考，因为他依旧什么都没说。史蒂芬试探性地开口说道："这让我想起了之前在慕尼黑参观 MetaFinanz 的经历。对于该公司的首席执行官莱纳·戈特曼（Rainer Göttmann）来说，他虽然担任集团的首席财务官，但是他不把自己看成是系统的一员，而是作为一个'协助者'从旁协助员工工作，这样做是为了尽可能给予员工更大的自由，让他们得以自由发展。"

"我在许多公司都观察到了这种现象，"史蒂芬鼓起勇气继续说，"我们在拜访 AWS 的时候也发现了。AWS 的首席执行官认为自己不是消防员，不负责给员工'灭火'，他也把自己当成一个'协调者'，而不是系统的一员。"

"会不会是这样的？布吕尔先生，"史蒂芬非常谨慎地说，"我们这些人现在还在继续担任我们在管理委员会的职务，我们是出色的工程师、喜欢掌控的管理者、关怀员工的领导和倡议人，难道这些身份是我们发现创新基因的巨大阻碍？简而言之，虽然我们把唐古拉管理得很好，但是我们可能缺少发展创新性想法的能力，也缺少大胆尝试新事物的勇气，甚至，我们看到那些新事物会拒绝。"

过了一会儿，布吕尔来了精神，说："没错！霍夫曼先生，的确如你所说。我们必须先养成解决问题的好习惯。我很欣赏你开放、直接的态度，也非常感谢你能有指出这个问题的勇气。"短暂停顿后，他追问，"对此，你找到相应的创新基因了吗？""找到了，实际上有两个，"史蒂芬高兴地说，

"CR 基因（敢作敢为、勇担风险）和 IA 基因（个人欣赏）。"

"是的，霍夫曼先生，我对你所说的员工角色及其影响深有同感。我的存在、我的行为的确会对员工产生或积极或消极的影响。这种影响，可以帮助员工找到自己擅长的工作，或者会支持员工一直做自己擅长的事情，或者直接决定招聘来的员工应该被分派什么工作。员工们在这种已经约定好的分工中相互依赖，这是好的！但是经营一个企业，我对你们的想法，和你刚刚说的一样。的确，你们保证了唐古拉的顺利运行，你们的管理能力非常出色，但是仅仅靠这一点，还不足以使我们适应创新和未来。正如我们所听到的那样，世界已经进入技术飞跃的时代，我们在亚洲各国和美国的潜在竞争对手也在飞速发展。显然，你已经明白，我们也迫切需要采取行动了。管理委员会如果还是按照目前这种角色分工，就太片面了。我的性格就是这样，没什么耐心，急于追求更好、更新的东西。你们不能只是盯着我，这样太保守了。我在想，我们如何为唐古拉培养出需要的角色，如何为各个工作岗位找到合适的人。如果我们无法做到这一点，我们将永远只能继续管理创新，而不是以开创者的姿态大胆冒险。那么，我的目标永远都无法实现，我们永远都不能为唐古拉解决这个问题。我们需要向榜样看齐，作为领导团队，在唐古拉实现创新发展，是我们每个人都需要完成的任务！"布吕尔总结道。

史蒂芬对布吕尔的反应感到十分惊讶，他晚上离开唐古拉，心事重重地开车回家。不知何故，在如此敏感的问题上，总经理敢于直接向布吕尔说出自己的心中所想，十分有勇气，以前还没人敢这么做。这难道就是 BR 基因（打破传统）和 CA 基因（文化意识）带来的影响？

史蒂芬不知道的是，在前往中国考察期间，布吕尔曾非常认真地考虑过他对管理委员会的影响。那时，他在中国创新中心深圳以北一个拥有百万人口的城市惠州的康复中心疗养。疗养期间，他读了让－菲利普·哈格曼（Jean-Philippe Hagmann）的《别再玩创新剧场的把戏》（*Hört auf, Innovations-*

theater zu spielen），书中谈到了一个公司的员工为了彻底实现创新发展做的一系列工作。按照书中所说，要想彻底实现创新，需要赞助者、领导者、开拓者、技术开发者和沟通者。

重新设置唐古拉俱乐部

这种认识对布吕尔来说是全新的，直到现在，他一直以父权的方式管理公司。因此，在他的旅行中，在与合作伙伴和客户的讨论中，他总是会收集一些想法，然后将这些想法告诉研发部门的负责人，让负责人想办法落实这些想法。这就是新想法在唐古拉落地生根的方式。

他最认同自己作为公司"技术载体"的角色——即技术专家，技术专家承担着创新驱动者的作用。然而，布吕尔将在书中读到的角色与足球俱乐部的角色对比，才真正理解了到底什么是"划分角色"。

俱乐部要有一个"所有者"，即赞助商。赞助商关注球队是否能获胜以及获胜的次数。布吕尔觉得自己承担的就是这个角色。"教练"和"首席前卫"决定训练目标，制订球队战略，并指导球员进入最佳竞技状态。在布吕尔眼中，史蒂芬和斯文贾适合这两个角色。当然，有时他自己也承担着"教练"和"首席前卫"的角色，布吕尔苦笑着想。一个团队，还需要领导者，带领团队执行教练的战略，并尽最大努力比其他团队做得更好。

"嗯，"布吕尔反思道，"这些角色可以交给董事会的其他成员。"不仅如此，还有另外两个角色——技术开发者和沟通者，尽管这两个角色不承担积极作用，但是也很重要。在创新项目开始前，所有角色都要有合适的人担任。

"员工很少能意识到这些角色所能带来的转变"，布吕尔读着读着，若有所思地把书放在一边。

"我犯了一个错误？"他问自己。"难道真的要让每个人都感染上'创新病毒',把他们都送出去考察吗?"因为哈格曼的书中是这么说的:如果每个人都去创新,效果并不是最理想的,也就只比没人创新好一点。过去几个月,唐古拉发生的事情的确证实了这句话:"灯塔项目"只是纯粹的、不协调的行动主义。换句话说,就是一个"创新剧场",并没有取得任何效果。

因此,角色概念必须发挥核心作用!但布吕尔也不能忽视总经理的意见。始终坚持要有一个"赞助者"是明智的吗?还要有一个"领导者"?只要他自己是企业的领导人一天,企业就不会发生任何变化。他不得不让位,让其他人担任这些角色,这样,唐古拉才能创新发展,逐渐适应未来,虽然这样做与他原先设想的方式不同,这样做需要企业拥有更多的 CP 基因(敢于行动、抓住重点)。

第二天一大早,他就去找总经理史蒂芬。他们一起讨论什么是角色划分、实践中如何分配角色。很快他们就发现,这个工作根本不可能在一夜之间就完成。因为员工们早就已经在传统的角色下生活、工作了太久,快速改变绝非易事。

企业中的最后一次重大人事调整是布吕尔离开管理层,去管理委员会工作,除此之外,企业再没进行过大的变动。虽然正式场合不再能见到布吕尔的身影,但是他仍旧在后台指挥。如何改变这种情况呢?在这个问题上,也许也需要以小步快跑的方式逐步行动?

退一步——没有比这更难的了

布吕尔退居幕后,开始成为赞助者、领导者和开拓者。现在,是时候改变这种现状了,并且企业中的其他人也应该意识到这一点。几天后,管理委员会来到唐古拉的大会议室开会,布吕尔说出了他的决定:

"首先,今天我非常感谢在过去几个月各位的付出和努力。(IA 基因——个人欣赏)两年前,我要求你们离开唐古拉,以一种好奇和公正的心态去寻找创新基因，并了解其发展的阻力。你们考察了很多地方，回来后也对其中一些创新基因进行了初步尝试。但是如果是我，即使我错判了唐古拉的形势，低估了唐古拉的免疫能力，我也不会立马着手让这些创新基因融入唐古拉的 DNA 中，因为我看中的是最终的效果。"

"我觉得，我们真正的转折是确定了真正的创新基因的时候。现在，你们正在将缺失的基因整合到唐古拉的 DNA 中，系统地完成了企业基因重新设计的工作。斯文贾女士提出的潜艇战略已经显示出其初步效果，这是一条正确的道路——小步快跑、定期纠正。"

修正道路——放手，是为了更好

"女士们、先生们，此刻，我需要重新修正路线 CP 基因（敢于行动、抓住重点）。现在我们已经成功度过了看着创新束手无策的阶段。在过去几十年，我塑造了唐古拉，并管理它。显然，我给你们的机会太少了，我一个人承担了太多的角色，没有放手交给你们去做，这阻碍了创新的道路。也许是我太不自信了，不敢放手（EU 基因——忍受不确定性）。未来，我会继续改变，给你们更多机会，我只有在必要时才发表观点（HL 基因——领导要谦逊）。你们的任务就是磨砺自己的角色。在参与创新项目时，你们将在自己的本职工作之外承担更多其他角色。"

创新项目中必需的五大角色

史蒂芬开始发言："从现在开始，我们将确定创新项目必需的五大角色。"他说着将幻灯片投影在会议室的墙上：

> **创新项目的角色概念**
>
> - 赞助者：未来，他将是创新项目的客户。这个人必须是管理委员会的一员，然后兼任项目的"监护人"（AA 基因——部门内自主和部门间协调）。
> - 领导者：他负责确定团队的开拓者，并推动团队成员直接的有效互动。领导者要有专业知识，并且要有能力解决问题，他应当成为所有项目项目参与人的推动者。
> - 开拓者：他具有足够的创造力，是非传统主义者，能够迸发新灵感，并从中发展出新概念（DT 基因——团队多样化）。
> - 技术开发者（专家）：他是开拓者的"教练"，他们有丰富的经验，常能接触到外部的新事物，能够在专业上支持开拓者。
> - 沟通者：他们确保公司中所有的项目参与人都能有效沟通，并且是唐古拉与外界的桥梁。

史蒂芬继续说："在我们现在研究的这些创新项目中，你们每个人都可以承担这些角色，除了你们，公司的经理、普通员工也可以选择自己想要承担的角色。我希望通过这种方式，我们能成功将创新项目建立起来，我们不再考虑现有的组织结构或使用的方法。你们觉得这么做如何？"

过了一会儿，斯文贾开口，说："那就是说，这里的每个人都可以当领导者，我们真的要践行 FR 基因（灵活的角色）？"史蒂芬说："是啊，你作为唐古拉的研发部经理，这不就是你原本的角色吗？我认为，大家将继续成为唐古拉创新发展的核心枢纽和驱动力。"（IA 基因——个人欣赏）

布吕尔接着说："我看，每个项目都得明确角色划分，这一点至关重要。

如果哪个人发现自己无法胜任自己的角色，我们也允许他主动放弃，当然，如果他自己不主动放弃，我们也会要求他放弃。我们要遵照 PS 基因（心理安全）的原则，保证放弃之后不会承担任何后果。我坚信，只有我们把合适的人放在合适的位置上，我们的创新之路才有未来。"

哪些创新基因可以与唐古拉的 DNA 融合

在潜水行动中，唐古拉发现，以下基因可以整合到唐古拉的 DNA 中：

适应阶段：可以融入唐古拉 DNA 中的创新基因

1. AA—部门内自主与部门间协调：一个组织要兼容"部门自我管理"和"部门间协调一致"。
2. BR—打破传统：企业要大胆质疑现有的认知、思维和评价模式。
3. CA—文化意识：企业要能识别、发展不成文的规章制度、工作模式和企业文化。
4. CP—敢于行动、抓住重点：企业要致力于形成战略路线，在执行过程中不断交流，收集意见、不断完善，如果方向有偏差，也要敢于及时矫正方向。
5. CR—敢作敢为、承担风险：勇敢承担不确定性、模糊性，没有领导的批准和认可也敢于出发；尚无成功经验也敢于开辟新路。
6. DT—团队多样化：以目标为导向，随时在企业内外寻找具有非凡的专业能力、具备团队工作素质的新人才。
7. EU—忍受不确定性：一个组织想创新、想发展，就要学会长期忍受不确定性，学会合理处理模糊不清的问题。
8. FR—灵活的角色：允许组织中不同的人灵活承担不同的任务和角色，不需要受制于等级制度。
9. GM—成长思维：组织不是一个成品，而是一个不断优化、不断发展的活的有机体。

10. HL—领导要谦逊：领导不是超级明星，要谦逊，这样才能与员工建立开放、信任的合作关系。
11. IA—个人欣赏：以欣赏的眼光看待创新，即使很难实现也应当尊重它。
12. PS—心理安全：要营造出包容的企业文化和工作氛围，员工可以自由表达观点和意愿。

探索潜水：形成创新框架

需要优先处理的积压问题

1. 哪些创新流程需要明确？
2. 如何定义创新管理？
3. 唐古拉究竟需要哪些适用性规则？
4. 唐古拉需要哪些管理机制和决策结构？
5. 如何建立创新生态系统？
6. 如何获得建立创新项目所需的资金？
7. 如何利用绩效制度为唐古拉开辟新路？

哪些创新流程需要明确

斯文贾很快就完成了此次潜水的第一个任务。她应该首先明确将来要用于唐古拉的创新流程。她建议采用"阶段—关口—流程"这个简单的产品开发流程，从产品的构思、优化，到开发商业模型，直到最后的生产、测试，投入市场，依照管理委员会做出的管理决策关口将产品开发流程划分为不同阶段。采用这一流程的关键在于，在获得许可进入下一产品开发阶段之前，跨职能开发团队必须成功完成当前阶段的相关任务。公司的管理者和员工都在参与这一流程（BT 基因—基准化、透明化）。

如何定义创新管理

在接下来的潜水行动中，与专家的协商遇到了很多阻碍。针对创新团队不再负责 KVP 流程的想法，有些人感到不理解。斯文贾告诉人力资源部和组织发展部，KVP 流程从现在起将由部门主管及其助理独立负责，原本负责 SAP 系统[①]的穆勒（Müller）先生很不情愿，他说："这个换我负责，那你整天都做什么？"斯文贾对穆勒先生的反应感到非常惊讶。显然，她需要向穆勒先生解释一下到底什么是创新管理。"穆勒先生，我当然希望您能在工作中感到开心，您能喜欢自己的工作。对公司来说，员工喜欢自己的工作，当然是一大成功。但是，就算您现在不喜欢新的变化，我们也得这么做。唐古拉不能再继续生产传统的屋顶瓦片了，唐古拉得创新产品，而创新就是我的工作。我需要协调创新团队的每个参与者，让他们都投入到创新产品和策划方案中来，要想完成好这项工作，我就得全身心投入其中。只有当我们成功将新产品打入市场时，才能说唐古拉的创新成功了。而这些确实跟您现在的工作没关系，不是吗？"

穆勒先生看上去还是有些疑惑，他说："好吧，我以为我工作中使用的健康管理方法和 KVP 是最先进的。我没有意识到，创新已经发展成为一种新的艺术形式，也许你说的是对的。"

[①] SAP 系统一般指 SAP。SAP，为 "System Applications and Products" 的简称，是 SAP 公司的产品——企业管理解决方案的软件名称。——译者注

唐古拉究竟需要哪些适用性规则

一家企业之所以会制订工作条例和操作准则，背后通常有一定的原因。在这次潜水中，团队需要克服一大挑战——如何让唐古拉在遵循适用性准则的同时避免发生"过度扩散"的情况。企业中总会有特殊情况，为了应对这些例外，很多时候，有些规则适用公司情况，可以被采用，但是有些不适用的规则也需要不断调整、补充或暂时被搁置。

究竟哪些规定阻碍了唐古拉创新项目的发展？企业过去形成了很多阻碍创新前进的规定，这些规定涉及企业员工的工作流程，没人认可这些规定的时效性和有效性。这些规定延续下去只有一种结果：员工之间协调不畅、互不信任。特别是到了现在，唐古拉正面临着重大的改革，但是员工们并不想创新，希望公司放弃创新。此时，我们需要秉持 EU 基因的理念，包容员工们内心对于创新的恐惧（EU 基因——忍受不确定性）。

举个例子，生产部主管丹尼尔看到公司的法律顾问给他的建议时吓了一跳，建议是这么写的：无论从知识产权角度来看，还是从承担责任的角度出发，与客户一起开发和测试新产品原型都不是一件容易的事情。

不久前，丹尼尔费了九牛二虎之力才确定了一批愿意参与产品创新研讨会、并愿意在会上给出意见的顾客（CC 基因——客户共创），为此，他还向公司立下了军令状。

考虑到律师提出的法律风险，丹尼尔决定将项目推迟四周。在这四周时间里，他不得不处理各种与项目相关的法律事务、阅读企业的客户服务指南，还要就项目的适用性咨询专家的意见。一通折腾下来，丹尼尔发现，尽管律师有很多意见，但是都不应当成不听客户意见的理由（CA 基因——文化意识）。

于是，在下一次董事会会议上，他提出了这个问题。显然，大家都没有意识到这个问题的存在，于是立即采取了行动。新的"客户共创"原则明确规定，允许客户参与到产品开发过程中。为此，律师很快起草了一份保密协议，所有参与产品开发过程的客户都要签署保密协议。

唐古拉需要哪些管理机制和决策结构

塔雅其实一直对建立创新发展中央委员会心存不满。中央委员会建立的初衷是成为唐古拉创新发展的"加速器"，因此，人员配备不是很多，只有几个人。塔雅作为人力资源部的经理，并没有被指派加入中央委员会。于是她把这件事加入管理委员会的议程中。

史蒂芬立马着手准备了一个创造性的解决方案："我们可以搞轮岗制度。"他说："从即日起，创新委员会的成员将定期轮岗。决策结构需要灵活一点，不能一成不变，这也是唐古拉走向未来需要进行的转变。就像我们在林茨的烟草工厂看到的那样，不同的角色有不同的视角，轮岗会让我们未来的项目更容易实现。鉴于此，我们可以组合4个基因：IA基因——个人欣赏、CA基因——文化意识、RD基因——减少防御以及RM基因——角色塑造。"

如何建立创新生态系统

一个专门针对创新生态系统的单独的潜水行动。一开始，斯文贾就试图澄清这个术语，他把它称之为"一个空间有限的集群，不同参与者在其中相互联系，共同促进创新"。参与进项目的人们很快意识到，唐古拉已经在一个生态系统中与合作伙伴成功合作了多年（ON基因——开放型网络）。

然而，这些合作并未涉及创新，而是通过建立销售伙伴关系开发新市场，特别是开发国外市场。还有一些是与大学合作，如与黑森林地区的一所私立大学合作，进一步开发了唐古拉的经典产品系列。现在，要想建立创新生态系统，第一步是增强意识、确定目标——谁适合当唐古拉的创新合作伙伴。

在这方面，创新管理被赋予了指导职能，这也是目前急需马上建立起来的。为了能解决更多全球市场的问题，突破传统的砖瓦产品将是唐古拉面临的巨大挑战。为此，斯文贾去实地考察了国际创业领域内的热点地区。经过考察，斯文贾挖掘出了各种各样的新想法，其中，斯文贾特别喜欢气候保护和可持续发展领域。如通过运用电力多元化转换（Power-to-X）[①]，可以实现更大程度的可持续发展，即在可持续发电的帮助下，从空气中生产碳中性燃料。让斯文贾着迷的，是围绕碳捕集与碳封存（CCS）的技术尚未完全开发出来，这让斯文贾感到，能源转型突然变得触手可及。

在未来，通过电力多元化转换，可以从环境空气中提取二氧化碳，将其存储起来，从而减少二氧化碳的排放量，这能够缓解长达几个世纪大气中二氧化碳积累过多的现象。碳捕集和碳封存比电力多元化转换更先进，也更激进，这种方法让斯文贾着迷不已。"唐古拉目前还没有为环保作出贡献！"斯文贾自言自语，她被这激动人心的概念（EI 基因——热衷发明创造）吸引了。

可持续发展、能源转型和技术等话题在斯文贾的心中留下深深的印象。除此之外，她也关注未来大趋势问题，诸如未来学智囊团、性别转变、新工作、新生态、健康、全球化、城市化、流动性、连通性、安全性、知识文化、银发社会、个性化等话题（图 9-2）。该图展示了当今时代的 12 个核心大趋势，这些趋势就是变革的最大驱动力，从长期来看，能够对经济社会的各个方面产生巨大影响。多年来，这些领域已经取得了长足发展，拥有源源不断的动力。

[①] 电力多元化转换（Power-to-X）指的是用可再生能源电力生产低碳气体或液体燃料。——译者注

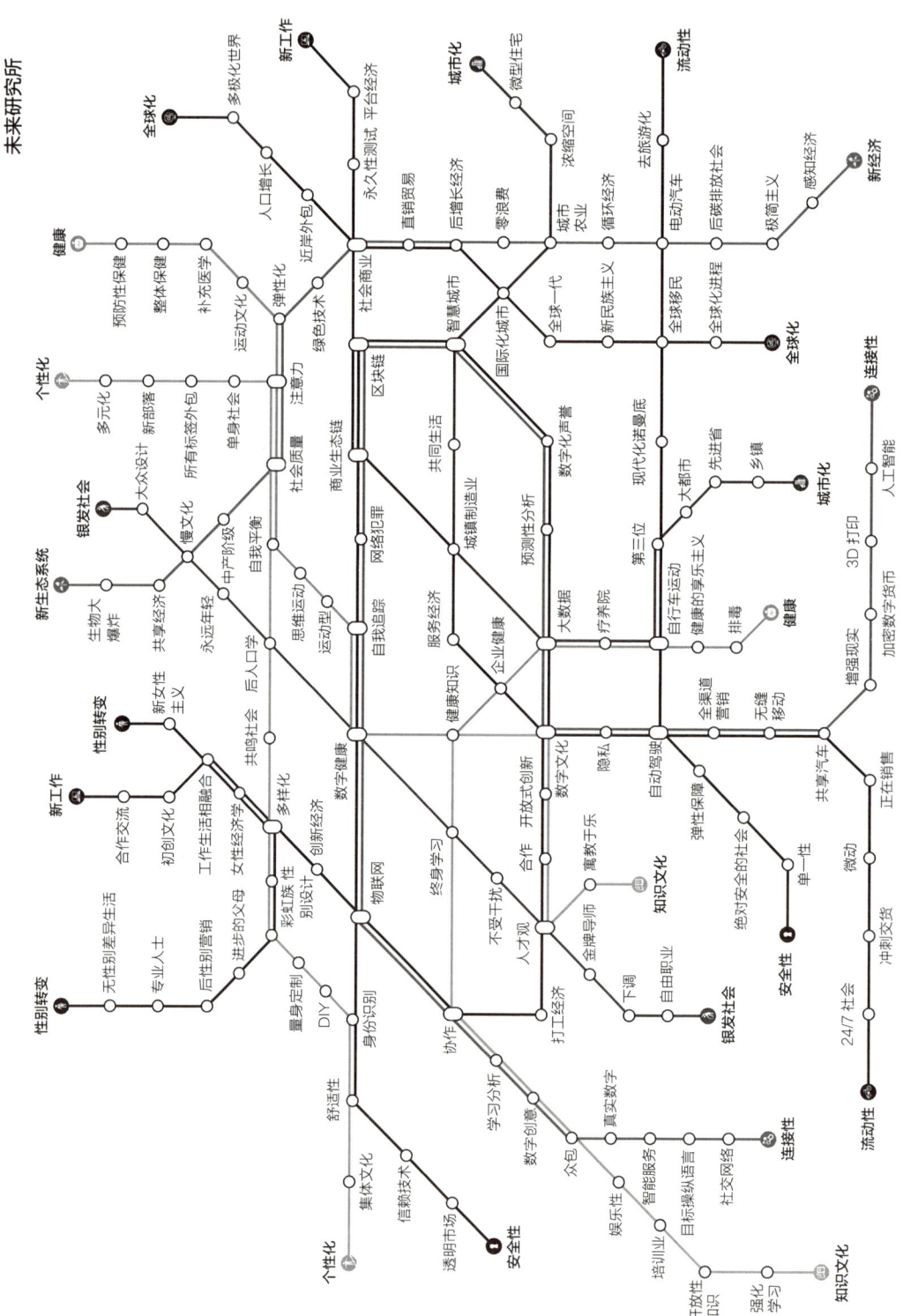

唐古拉公司
——重塑传统企业创新基因的传奇故事

图9-2 大趋势图

大趋势从来都不是线性的、一维的，而是复杂的、多维的、相互关联的。彼此之间不是孤立的，而是互相影响，互相加强。因此，该图有些地方是平行的，有些地方是重叠的。

趋势图的各个节点分别展现了大趋势的不同维度、不同方面和不同角度。这说明，大趋势是复杂的，其影响因素更是多元的。

显然，这些话题只有寄希望于未来以网络的形式加以管理。这表明，他们在唐古拉实施的全新的"整合法"走对了路子（MT 基因——大胆想象）。

唐古拉的商业模式挣脱传统屋瓦世界束缚的日子似乎快要到来了。斯文贾只是不知道究竟是何时、会发生何种程度的变化，但这一切一定会发生。"目前，我们必须要暂时忍受这种不确定性（EU 基因——忍受不确定性）。"她还感觉到，为了给创新发展一个机会，唐古拉必须要有耐心，要从长计议（PD 基因——坚定、持久）。

捡起失败了的"灯塔项目"的碎片

这段旅程究竟走向何方，目前谁也不清楚。但是 DS 基因（转移重心）会把这些新灵感引导到正确的方向上，发展出一种有生产力的商业模式。当然，目前他们自己的头脑也还不够开放，所以，斯文贾得先重新捡起之前"灯塔项目"遗留下的碎片研究一番。

把曾经的"初创企业合作（SUC）"这一想法重新整理出来，一些初创企业曾因挫折半途而废。唐古拉的管理部门与初创公司的合作是一项整合工作，必须将所涉及的文化因素系统地结合起来。但是，相比于人们对跨越文化边界的恐惧，他们更多的其实是没有耐心。这可能就是之前灯塔项目的三个实验项目全都失败的原因。

甚至，在斯文贾与世界各地建立起联系之前，她已经就唐古拉的三个战略部署以及与初创企业的合作进行了企业内部评估。这么做的好处是：在之后实地考察创新热点地区时，她可以更有针对性。

如何获得建立创新项目所需的资金

说到钱，每个创新项目首先需要的肯定是赞助者的资金，有时可能会是一大笔钱。因此，在潜水行动中，创新委员会意识到，必须要为创新项目设立一个基金。同时，还需要了解如何能够获得地区、国家以及欧洲资金池的支持。另外，团队还意识到，创新项目得利用好国际风险资金结构，以赢得良好的国际形象。

如何利用绩效制度为唐古拉开辟新路

"我们不敢离开现在的领域去外面冒险。唐古拉中不乏管理人员习惯在预先设定好的流程内工作，一旦这些流程发生变化，他们就会惊慌失措。"这是创新团队在自行设定任务，仔细研究唐古拉现有的奖励制度后得出的结论。潜水行动帮助团队成功找到了兼顾创新行动和其他日常工作的路径。

虽然对于处于生产线上的员工来说，财务影响、短期效益和赢利能力是最重要的，但是对于创新经理斯文贾来说，找到创新基因才是最重要的。要想创新，就得敢于尝试、敢于失败。她不止一次强调，产品愿景是重中之重，一个产品是否有未来，应该用长远的眼光来衡量。"我们公司目前的各项绩效指标对新产品的研发很不友好，尽管新产品有潜力，但是我们并没有把注意力放在实验结果上。"斯文贾努力表达清楚自己的观点，但是总经理史蒂芬觉得仍然不够具体。

最后，企业精心设计的关键绩效指标（KPI）应该帮助企业追踪企业管理层的尽职情况，确保每个人都在朝一个方向努力（MC 基因——创新热情）。在史蒂芬看来，关键绩效指标可以确保每个成员对工作目标都有相同的理解，以在工作过程中不断提醒员工不忘初衷。此外，绩效指标应当具有可追溯性，防止事情发展方向与计划偏差。在敏捷管理中，经常使用这种方法。

史蒂芬为创新关键绩效指标奠定了基础，从那之后，这些关键绩效指标将取代创新管理的指标。在接下来的几个月里，斯文贾得出一个重要经验，那就是不能用一套标准衡量所有的事情。不同的项目要专门制订不同的衡量标准，而且要不断更新、优化，最终才能得出一整套科学的指标。之后，就可以开始仔细研究"目标和关键结果（OKR）"——这是一种在团队或整个公司中达成目标的方法，具有敏捷性、适应性、透明性的特点。

找出公司的"沉睡项目"

此外，佩尔还指出，唐古拉可能存在大量的"沉睡项目"——即长期搁置的项目，这个观点有点出乎意料。"我们应该关闭那些'快要死掉'的项目，"他说，"我们现在正在绞尽脑汁考虑指标问题，那么，就应该鼓起勇气，为每个创新项目都设计一套'关闭标准'，即一个项目在什么情况下应该被立即停止。'关闭标准'有助于我们在项目一开始，或者在团队进展过快或大家出现情绪之前，准确判断出项目中风险最大的部分。"（RD基因——减少防御）

"'关闭标准'，听起来很不错。但是，如果一个项目到了需要及时叫停的阶段，由谁来负责叫停工作呢？"斯文贾问，她接着说："我们希望尽可能避免这些情况，因此不打算为这些情况制订标准。"（BR基因——打破传统）"发现项目问题，及时找出出现问题的原因，这不是好事嘛。只要弄清楚项目为什么会'死掉'，不就更能帮助我们了解如何正确运行项目了吗？"史蒂芬反驳道。知识是开启创新的第一步，显然，创新团队打算在这里下大功夫。

哪些创新基因可以与唐古拉的 DNA 融合

在潜水行动中，唐古拉的管理委员会发现，以下基因可以整合到唐古拉的 DNA 中：

适应阶段：可以融入唐古拉 DNA 中的创新基因

1. BR—打破传统：企业要大胆质疑现有的认知、思维和评价模式。
2. BT—基准化、透明化：迅速总结成功经验，并模仿之；向一切有关人员提供所有正确的、关键的数据和信息。
3. CA—文化意识：企业要能识别、发展不成文的规章制度、工作模式和企业文化。
4. CC—客户共创：让客户或用户主导创新过程，运用跨学科手段解决问题。
5. DS—转移重心：企业要学会将现有的能力和技术转移到新的应用领域。
6. ER—员工的责任意识：员工愿意站在不同岗位上共同承担创新责任。
7. EU—忍受不确定性：一个组织想创新、想发展，就要学会长期忍受不确定性，学会合理处理模糊不清的问题。
8. HT—混合型思维：组织应当允许新旧模式共存，要具体情况具体分析。一个组织应当至少有两种运行模式，可以在"部门内自治——部门间协调"和"传统管理模式——创新管理模式"之间来回切换。
9. IA—个人欣赏：以欣赏的眼光看待创新，即使很难实现也应当尊重它。
10. MC—创新热情：管理层的创新性思维和实践会对组织发展创造巨大贡献。
11. MT—大胆想象：大胆想象！——有意识大胆常想象，让新想法帮助自己重新思考问题。
12. OM—所有权与主要股份：将更多股份留给创始人（<50%），其他人只占少部分股份。
13. ON—开放型网络：各方面参与者协同合作，建立一个开放网络，确保各方知识、技术能够转化为企业的创新能力。

14. PD——坚定、持久：当你确定某个客户需求很重要或者未来一定会被客户需要时，就要坚持不懈地追求这个目标，不要被外界声音所干扰。
15. RD——减少防御：暂时推翻组织的"免疫系统"，停止追求稳定的企业文化。
16. RM——角色塑造：组织管理者要以身作则，为创新铺平道路。

探索潜水：实施创新

需要优先处理的积压问题

1. 如何让设计思维、短跑冲刺和 Scrum 在敏捷产品开发中一起发挥作用？
2. 如何提高敏捷管理团队的工作能力？
3. 怎么做决策才能有助于创新？
4. 如何运用反向工作法讲述故事？

如何让设计思维、短跑冲刺和 Scrum 在敏捷产品开发中一起发挥作用

敏捷管理或更灵活的工作方式是许多人都关心的话题，但是也有一些人会将其看作对传统的挑衅："虽然每个人都希望工作更加敏捷、灵活。但是真正到行动的时候，却没人想开始。对我而言，这种改革仿佛昙花一现，第二天大家就又都忘记了！"——这是少部分员工对敏捷管理改革的态度。员工对敏捷管理的了解越少，就越容易提出反对意见。唐古拉的员工目前显然对敏捷改革的本质还不甚了解，容易被表面的现象所迷惑（MR 基因——心存警觉、弹性创新）。

如何有效建立敏捷社区

敏捷改革运动已经进行了二十多年了，在这段时间里，唐古拉建立起大型"敏捷社区"，并从中找到帮助企业应对不确定性、实施智能项目管理的操作流程。只有最初密切参与这项改革的人才能意识到这一点。

例如，塔雅推荐大家阅读瓦伦丁·诺沃特尼（Valentin Nowotny）的《敏捷企业》（*Agile Unternehmen*）一书，这本书详细描述了敏捷心理学，特别适合刚接触敏捷管理的人以及特别想仔细研究敏捷管理的人。斯文贾特别喜欢拉斯尼娅（Lasnia）和瓦伦丁的《敏捷进化》（*Agile Evolution*）一书，因为它为敏捷管理改革提供了解决方案，还用一个生动的敏捷转型成功案例剖析了实施敏捷管理改革的具体做法，并阐述了在这个过程中会遇到的所有难题。

如何让企业真正实现敏捷管理

要想真正实现敏捷管理，每个人都得掌握以下步骤：①敏捷思维、敏捷原则和敏捷价值观；②敏捷实践；③敏捷框架；④敏捷标准。"嗯，对我们来说，不能生搬硬套，"丹尼尔指出。"如果我们把像 Spotify[①] 这样的敏捷公司视为一种理想状态，我们难道不应该先考虑一下第一步应当先做什么吗？也就是说，我们如何让企业具有敏捷思维？"

在实践中练习是推动团队前进的最终动力。管理委员会和唐古拉的个别关键性人物实施潜水项目正是为了这个目的——在实践中练习。但是，并非每个项目都适合使用敏捷管理，敏捷管理更适合用于产品开发。在"设计思维""Scrum""看板"和"设计冲刺"这些词语最初开始流行起来后，随着

[①] Spotify 是一个正版流媒体音乐服务平台。——编者注

时间的推移，那些参与敏捷管理项目的人开始意识到，何时应该使用何种敏捷方法来开发产品。但是他们仍然缺少大局观，即哪种方法效果更佳，以及如何能让各种方法共同发挥作用（MP 基因——目的决定方法）。

产品开发初期，当急需解决的问题需要公开提出，并且目标不能明确定义用户时，设计思维就派上用场了。设计思维能带来什么好处呢？人们可以最大限度实践个别灵感，将其设计成一个虚拟原型，并与客户一起检查、优化产品方案。（ID 基因——迭代交付）设计思维研讨会通常不超过两天，但却带来了大量新见解。这往往也是因为开发人员第一次全身心沉浸在客户的世界里（UC 基因——以用户为中心）。只有在这之后，才可以对虚拟原型的经济可行性、技术可行性和用户体验进行评估。

如果发现产品非常有趣，有进一步发展的可能性，那就由创新委员会指定的产品负责人召集他的团队和相关专家及用户进行设计冲刺。这里需要特别注意的一点是：挑选项目主持人。没有项目支持人，团队群龙无首，就无法冲刺（CF 基因——持续支持）。几天后，大家经过设计冲刺，得到的产品原型更加具体、更加接近真实产品。最后，经过客户测试，他们就可以将其加入 Scrum 项目中了。

组建合适的团队需要面对的障碍

但是，在 Scrum 项目开始之前，唐古拉必须在组织上重新定位，来到（3）"敏捷框架"或"组织框架"阶段。对于"设计思维"和"设计冲刺"来说，组建临时团队是比较容易的。当唐古拉开始着手通过 Scrum 项目开发第一个产品时，他们的计划遇到了困难。起初，宣布成立团队时，团队任务和项目宣传太过模糊、陌生，无论是管理者还是员工都对这个项目团队不甚了解，无法想象这个团队究竟是用来做什么的。

负责组建团队的塔雅想直接接触个人，争取他们的合作。事实再次证明，将这些员工从他们熟悉的领域和工作中调离非常困难（EM 基因——员工流动）。

经过三个多月的反复协商，她终于成功组建了唐古拉的第一个 Scrum 团队。然而，团队初建，产品负责人首先要熟悉自己的新角色。Srcum 敏捷管理专家明确告诉他，不能把团队作为"他的新部门员工"带入项目内。产品负责人已经向项目的所有参与者传达了团队纪律，所有人都要服从他制订的规章制度。但是，在 Scrum 团队中，产品负责人和其他参与人没有等级区分。

第一个冲刺计划用时两天，但是实际花费了两周的时间。各个冲刺阶段究竟要实现什么？为了实现预定目标需要符合什么要求？这些问题在团队中一再出现分歧和误解。总之，塔雅觉得，一切都比计划进行得慢，也不像计划得那样有条不紊。好在，她只开始了一个项目，而不是直接在整个唐古拉大刀阔斧地进行敏捷性改革。

通过阶段性工作回顾启发员工

团队连续工作 6 周后终于还是撑不住了，团队成员不愿意继续一起合作。于是，塔雅强烈要求与产品负责人一起进行工作回顾。4 周后，问题终于解决了。至今，在塔雅的办公室墙上，还挂着当时回顾工作成果的挂图。她自豪地说："这上面写着我们接下来需要做的工作，"她念道：

从工作回顾中得到的启示

- 从一开始就确保每个人角色明确。
- 产品负责人不是团队领导。
- 实施团队要对结果负责。
- Scrum 敏捷管理专家负责协调和消除组织遇到的障碍。

> - 为积压任务制定目标、内容和愿景，确保所有人都能理解。
> - 全身心投入全职工作！！！
> - 冲刺时间有团队决定，而不是由产品负责人决定。
> - 如遇疑问，内容决策由整个团队做出。
> - 会议时间不超过 15 分钟。

个人责任是成功之关键

到此，团队就可以确定具体的优化方向。但是，即便知道如何调整、优化，矛盾也无法调和，因此团队的成员不愿意继续与产品负责人合作，他们认为自己才是"高级"项目经理。

"我们已经了解到，我们的合作需要更多地与个人责任相一致。容忍失败就是要容忍员工的失误。要想让大家敢于实验，就得要求所有人严格遵守纪律。我们要让所有人有安全感，就得让项目公开、透明。"（PS 基因——心理安全）塔雅总结道。

塔雅继续说："一个扁平的等级制度需要一个强有力的领导。以往我们做了什么？为什么那样做？现在我们的面前有一个挑战传统的新路子。混乱和矛盾不见得是坏事，敏捷合作需要开放的思想、打破传统的勇气和愿意分享知识的意愿。因此，我们需要在知道答案前先找到问题，并准备好接受可能的答案。"

敏捷团队在开始时行动缓慢

"我们必须明白，在敏捷的工作环境中，没有整套方法论或可以保证成功的结构。只有当我们的团队对自己的工作拥有更多自主权时，他们才能从容应对可能出现的质疑，并战胜大家的质疑。据我们了解，敏捷管理办法会让团队运作变得缓慢，但是我们使用这种方法，不仅仅是为了整合客户，还能取得更多其他成果。我们的出发点是客户，不是我们自己的想法。因此，我们必须根据不同的节奏和不同的规则（RT 基因——把控节奏和时间）尽早与客户展开经常性合作。这意味着什么？意味着我们必须为不确定性做好计划。"塔雅说（EU 基因——忍受不确定性）。

这在唐古拉的实践中意味着什么？下面的尝试将予以证明。重要的是，参与者需要根据实际情况及时调整敏捷方法，特别是 Scrum 敏捷管理（MP 基因——目的决定方法）。只有这样，才能让原本只针对 IT 行业的工作方法也同样适用于非 IT 行业。

为了确保这些适应性尝试不会再被旧习惯阻碍发展，一位经验丰富的 Scrum 专家会从一开始就为项目设置专业的操作流程，并一直陪伴项目运转。"开始，我们还停留在敏捷转型的第一级和第二级，"塔雅进一步解释道。"敏捷框架或敏捷标准或许会对唐古拉的组织结构形成巨大干扰。不过，我依旧认为，这不是一个混合型组织（HT 基因——混合型思维）。我们在产品开发中创建了个人敏捷实验领域和实践流程，仅此而已。目前，这些已经足够让我们继续学习，或者说，我们需要摒弃旧俗。"

如何提高敏捷管理团队的工作能力

从第一个 Scrum 项目中得到的经验和对整个潜水过程的观察使得塔雅注意到另一个问题，这个问题事关公司基因重新设计。"前 6 个月，我们已经看到，唐古拉需要更好地管理敏捷团队和其他部门之间的依赖关系。"塔雅报告说，"不然，我们不光无法提高团队工作速度，反倒会让工作效率更低，因为团队必须要花费大量时间等待部门主管或管理层的批准才能开始行动。"

建立一个加速决策的创新委员会

塔雅进一步解释，"创新速度越快，决策速度就得越快，决策速度要想跟上创新速度，就不能一味等待管理层的意见。所以，重新考虑决策结构，让其更加适应创新，就显得十分必要。敏捷管理不仅仅是要团队更加敏捷，还要实现部门间相互协调的敏捷性，这种部门间的敏捷协调能够保障创新团队持续以敏捷的状态工作，不会因沟通不畅而工作受阻。"

因此，接下来的潜水行动是为了给加速决策提供一个结构改革方案。在此背景下，唐古拉建立了创新委员会（GM 基因——成长思维）。最终，创新委员会的工作目的是确保企业能够在较短时间内以最快的速度作出决策。由于管理委员会会议周期太长导致创新团队不得不等待回复的阶段一去不复返。另外，通过创办创新基金，创新委员会第一次拥有了属于自己的，可以用于潜水实验的资金来源和小规模预算。

在实践中检验敏捷原则

"实现商业敏捷的关键是做到组织中不同部分、不同层级之间的有效协调。"这句话在斯文贾脑海中挥之不去。在一次商业敏捷的线上研讨会上，她进一步了解到为什么企业要注意在制品限制（Work in Progress Limits，简称 WIP Limits）[①]，以及为什么要在增加新工作之前完成旧工作。从那时起，"不要随意开始，开始就要完成"成为她工作的信条。

由项目发起人和领导人制订项目"完成标准"（DoD）是一道新程序。唐古拉的员工必须要做的，就是适应它。例如，在进行潜水行动前，项目团队就得制订计划，规定本次行动将进行哪些实验以及必须完成哪些目标。潜水行动期间，各部门要相互配合，给项目团队提供尽可能多的指导和关注。开始，由于项目达到了在制品限制，触发了企业的免疫系统。"我们意识到，

---

① 在制品限制是敏捷开发中设置工作流的一种方法，在每个状态中设置最大工作量，可以更快识别工作中的低效环节。——编者注

我们采取的行动中有些其实并不是必要的，而且太多、太精确。同时，我们需要正确估算在制品限制。"塔雅指出。

完美主义是快速决策的绊脚石

"我们只是想让它变得更完美，"佩尔补充说，"然而，完美主义此时明显不合时宜，因为我们必须得加快决策速度。"

克劳斯·利奥波德（Klaus Leopold）的"飞行阶段"理论可以帮助团队理解为什么"商业敏捷不是一项团体运动，而是一项公司运动"。利奥波德从不同角度看一个公司："如果把企业比作一架飞机，飞机所处的高度不同，驾驶员和乘客所感知的风景和细节也不同。企业也是如此。"他把企业的发展阶段划分为3个高度：

企业飞行三阶段
● 飞行阶段1：单个团队操作
● 飞行阶段2：多个团队合作
● 飞行阶段3：战略组合协作

飞行阶段1指的是敏捷团队的工作流程。该阶段通过4项措施优化工作流程：将工作可视化、设定在制品限制、纳入定期反馈回路并从中得出改进意见。例如，斯文贾的潜艇战略，其设计逻辑就是基于此。

飞行阶段2指的是跳出团队层面，关注产品创建方式。在该阶段，团队间互动得到优化。斯文贾感到，这个飞行阶段会让唐古拉面临特殊的挑战。例如，在该阶段，企业必须对项目冲刺环节和实验练习环节得到的中间结果进行反思，并为决策准备相应的参考依据。由于各个团队进展速度不同，任务复杂程度也不同，团队很有可能在几周后就会失去对潜水行动的进度追踪。这个现象很普遍，显然，途中有太多潜艇，各个潜艇之间如果不进行沟通协调，再加上在其他潜艇正在下潜作业时又有新的潜艇开始下潜，企业很容易失去对各个潜艇的追踪。斯文贾意识到，要想成功，关键在协调各个潜艇的行动。

可视化确保透明度

如果斯文贾认真对待她的新信条——"不要随意开始，开始就要完成"，就会明白，她得防止太多潜水行动同时进行。为了解决这个问题，她在唐古拉的会议室中安装了一个中央看板，从看板上可以看到各个潜水点的实施情况，上面标注了每一次潜水行动的目标和时间顺序，公开透明（表9-1）。什么时候进行冲刺，哪些实验需要解决，一目了然。看板上还动态显示出各个潜艇之间的依赖关系，以及在未来几天必须要做的决策（RS 基因——简化流程和 SC 基因——展示案例）。

除了为唐古拉设计合理的下潜次数外，斯文贾还要确保下潜试验与公司的创新战略保持一致。在飞行阶段 3，创新委员会要从战略上指导所有的潜水行动。该阶段粗略分为 3 个周期，为潜水行动提供方向。同时，合理的下潜次数不至于引发唐古拉过强的免疫反应。

怎么做决策才能有助于创新

同时，由于过去唐古拉内部的决策过程太过迟缓，塔雅决定使用更快的决策过程。她说："我们必须首先弄清楚，哪种方式被认为是'更好的'，'更好的'不代表是'更快的'。为了追求'更好'而陷入无休止的讨论中，最终也无法得出结论，这是得不偿失的，我们必须改变这种决策方式。"

表 9-1 TEGLUAR 第四次潜水后的看板

潜水行动编号 4

潜水状态		潜水区：指导性问题	积压任务 - 潜水的研究问题：从指导性问题中得出具体问题	计划 - 潜入和潜水计划：从每个问题中衍生出实验与基因组合	行动 - 潜入深处：在潜水中实验验证基因组合	检查 - 潜水和潜水评估：评估基因组合的有效性	适应 - 找到使用意见：哪些组合基因适合引入唐古拉	缩放 - 根据潜水行动和依赖性管理协调研究结果
潜水周期	潜水区	指导性问题						
定向潜水	1. 我们为什么要创新？		1）什么是创新？（云定义） 2）为什么要创新？ 3）如何区分创新和KVP？	正在进行	已经完成		正在进行	潜水行动 1 潜水行动 1 潜水行动 1	正在进行	已经完成
	2. 我们的创新战略是什么？		我们应该从企业战略中衍生出何种创新战略？ 如何根据"三层面理论"制订创新战略？ 如何调整和发展企业创新战略？				潜水行动 1 潜水行动 2 潜水行动 2		
探索潜水	3. 潜水中什么因素起关键作用？		唐古拉需要哪些角色？ 哪些创新流程需要明确？ 如何定义创新管理？ 唐古拉究竟需要哪些适用性规则？			潜水行动 4	潜水行动 3 潜水行动 3 潜水行动 3		
	4. 我们需要什么样的创新框架？		唐古拉需要哪些管理机制和决策结构？ 如何建立创新生态系统？ 如何获得建立创新项目所需的资金？ 如何利用绩效制度为唐古拉开辟新道路？			潜水行动 4 潜水行动 4 潜水行动 4			
海底潜水	5. 我们用什么来创新？		积压问题	潜水行动 4				
	6. 谁是关键执行人？		积压问题	潜水行动 5				
	7. 关键实施者需要具备哪些能力？		积压问题	潜水行动 6				

第一次尝试共识原则

她开始了第一次尝试,她再次试图使用之前在助听器公司 WIDMED 那里了解到的"共识原则"。

正如我第 6 章中提到的,之前以"共识"为主题开展的灯塔项目 5 已经彻底失败。为什么会失败呢?那是因为,丹尼尔想要以双倍速度完成经典系列产品的商讨会。于是,尽管有些仓促,丹尼尔还是毫不推辞地亲自为大家介绍了究竟什么是"共识原则"。但是最后的结果是,所有人都反对他。为什么会出现这种情况呢?因为会议缺少一个主持人——一个公正、独立的"裁判"。在这样的会议上,生产经理不应该兼任会议主持人,否则,只会适得其反。

主持人的作用被低估

学习:面对这种情况,"自己决定"不是个好主意,因为团队此时缺少企业的持续支持(CF 基因——持续支持)。于是,塔雅发起了一个小范围的主持人培训会。在这场培训会上,主持人控场,引导会议讨论方向,并成功将自己融入团队动态中。培训会不断为员工创造大量练习项目,让员工可以在实践中解决难题,成功通过培训的员工,将顺利获得企业的内部认证。

只有那些真正表现优异的人,才有机会成为唐古拉的会议主持人。会议主持人负责掌控会议是需要遵循"共识原则"进行决策,还是应该使用其他原则来决策。虽然不是每个人都能马上理解塔雅这么做的目的,但是大家都看到了这样做的结果:会议明显更加结构化、便利化。但是,塔雅还是低估了一个事实:在这种决策形式下,每个人都必须参与决策——正如她在圣加仑的 WIDMED 看到的,但是唐古拉的情况与 WIDMED 略有不同,WIDMED 没有等级,各个部门相互交错,而唐古拉推行的还是传统的部门结构。

"专制"代替"民主"

还有另外一项旨在改善管理委员会决策形式的实验。如前面所讲，人们已经开始意识到，唐古拉的会议太多、讨论时间太长。因此，塔雅开始觉得，是时候让"专制"代替"民主"了。"共识原则"并不适合讨论哪些决策依据具有优先性，因此，塔雅尝试从"设计冲刺"中找到"独立决策"的原则——在大家开始讨论前，所有参与人都应该首先各自把各自的想法逐一写在纸上（RS 基因——简化流程）。

不管是项目领导者，还是项目参与者，把他们的想法写在纸上，这么做能避免因为表述不清或口才问题影响他们的表达。这个做法具有颠覆性，因为这意味着要完全废除讨论环节，所以在实践中遭遇了不小的阻力。按照塔雅的设想，项目成员在会议中不需要讨论，只需要展示自己粗略的解决方案即可。然后，大家对每个参与者的方案投票。其实，塔雅并不是特别喜欢这个做法，因为不是每个人都擅长将自己的想法展示出来。于是，塔雅决定在项目冲刺阶段再使用这种决策形式。

如何运用反向工作法讲述故事

管理委员会在柏林的 AWS 学到的反向工作法仿佛就是一种"共识原则"，这是一种新的工作理念。不以结果为导向的思考，意味着着眼于未来。但是，很快大家就发现，凭空想象新事物，真的很难。唯一能对其有所帮助的，就是原型设计了。通过原型设计，想法变得有形，容易被大家理解（SC 基因——展示案例）。此外，为了很好地描述未来产品的真实样子，撰写产品描述也很有帮助（EE 基因——探索和实验）。

唐古拉在引入这种方法时也采用了小步快跑的原则。刚开始，重点是一起练习。等到 10 年后，当消费者首次发现新产品的存在时，报纸头条会怎么写？一旦这些明确了，包含着 MT 基因（大胆想象）的未来愿景就会消退。

乍一看，小步快跑好像有点不寻常，动物界还没见过这种步态呢！但是，作为人类，我们有强大的大脑，能够提前预测出实现最终目标的各个分步骤。继续上面的例子：究竟什么样的产品才能登上报纸的头版头条呢？

敏捷性改革的中间步骤

根据唐古拉的实践案例来看，事实证明，以解决方案为导向来做事，有时对解决问题是非常有益的。例如，海因茨成功地用它详细描述了旋风分离保护砖的功能。海因茨的视觉分辨能力比较差，他对红气球项目的创业草图知之甚少，但是一篇描述产品的文章却可以促使他认真思考新产品，并想要探寻出瓦片如何能更好地固定在屋顶上。

这些细节和新方案，对于初创公司的员工来说十分新奇，大家自然会感到非常惊讶。此前，大家觉得，虽然海因茨是研发部门主管，但是他应该根本就不想参与到项目中。事实并非如此，最终，大家都深刻意识到，通过这种变革，他们都能学到很多新技术。于是，大家都开始自发与海因茨约时间面谈。情况超乎海因茨意料，他没想到大家会主动来找他，会议时间还比计划早了一天。到此，海因茨顺利找到了自己的新角色——导师、推动者（FR 基因——灵活的角色，IA 基因——个人欣赏）。

年轻团队的认可对海因茨来说有莫大的益处。那一天，他从年轻人那里学到很多关于初创企业如何开发现代化企业流程的方法。

如何避开"影子 IT"的影响

原本这一切开始时大家都认为很好：唐古拉的一个项目团队将 MURAL[①]作为虚拟车间的可视化工具。每个人都坚信用户会非常喜欢这个工具，直到

[①] MURAL 是用数字白板和协作功能连接团队的工具，旨在激发创新。——译者注

海因茨说："想要进入车间，我必须得设置一个专属密码，这正常吗？"。

必须维护白名单

斯文贾有些疑惑，立即去询问 IT 部门。她回来告诉同事，大家其实还没有被批准使用 MURAL 工具："公司有一个程序白名单，只允许使用白名单上的程序。很遗憾，MURAL 不在名单上。""但是 MURAL 不是程序，而是一个网站呀。"海因茨说："名单最近一次更新是什么时候？"

"啊，翻遍了公司内网，终于找到了这个名单。"斯文贾说，"这个名单是 7 年前发布的！"之后，塔雅私下去找总经理史蒂芬，对他说："在公司里，'影子 IT'可能不是个别现象，许多公司都面临这个问题。"

分析企业的"影子 IT"

史蒂芬非常吃惊，他赶紧让佩尔过来。佩尔问："到底怎么了？我们唐古拉真存在'影子 IT'现象？这会不会引发安全漏洞和其他危险？""你怎么理解这个问题？"史蒂芬问。"'影子 IT'是指一个企业中独立于整个企业官方 IT 结构之外的信息技术。这种信息技术不是公司的 IT 部门研发的，而是由公司的员工创造的。因此，从根本上来说，这些信息技术很难控制，因为它们与公司是脱节的。它们有自己独立的系统、规则和逻辑。"佩尔解释说。史蒂芬瞪大了眼睛："难道这就是一个公司的暗网？我该如何认识它们呢？"

"原则上是，"佩尔继续说，"但是它们没有破坏意图。'影子 IT'出现的初衷是好的，只不过有时会适得其反。其中，最大的危险在于突然中断，因为它们是未经 IT 部门批准的应用，所以这些系统没有定期维护和更新。"

"但是你也知道，作为公司管理委员会的一员，我必须也得对这些未经授权的东西负责。"史蒂芬说。"是啊，但是如果这些重要的程序突然停止工作，你也一样得承担责任。"佩尔回答说。"我必须要接受它们吗？这个'影子 IT'究竟是怎么出现的？"史蒂芬百思不得其解。

'影子 IT'早已成为一个普遍问题

佩尔解释道："之所以会出现这种情况，根源在于 IT 部门缺乏资源，无法及时支持各部门的需求。IT 部门往往无法意识到，这些技术方案对于部分工作有多么重要，75% 的 IT 专家承认存在'影子 IT'的问题。"

于是，史蒂芬在唐古拉发起了一项冲刺任务，盘点公司里所有的系统和支持性 IT。结果简直让人大吃一惊！在唐古拉，实际上存在着各种各样的'影子 IT'，简直像一个"信息的地下世界"。接下来几年，佩尔开始帮助这些'影子 IT'程序获得认证。要想揭开问题、解决问题，首先得获得同事的信任：他们不仅要承认自己曾经未经授权就在公司的灰色地带创造了新的解决方案（CA 基因——文化意识，MR 基因——心态和应变能力），还要积极帮助佩尔寻找新的认证工具，因为只有他们才最了解这些新方案的需求。渐渐地，IT 部门的态度也开始发生变化：IT 人员应该学会跳出自己的舒适区（BR 基因——打破传统），他们应当定期与用户见面，一起商讨哪些有用的程序应该被增加到白名单中，然后将更新后的白名单在全公司内公布，并且持续更新名单（BT 基因———基准化、透明化）。

哪些创新基因可以与唐古拉的 DNA 融合

在潜水行动中，唐古拉管理委员会发现，以下基因可以整合到唐古拉的 DNA 中：

适应阶段：可以融入唐古拉 DNA 中的创新基因

1. BR—打破传统：企业要大胆质疑现有的认知、思维和评价模式。
2. BT—基准化、透明化：迅速总结成功经验，并模仿之；向一切有关人员提供所有正确的、关键的数据和信息。
3. CA—文化意识：企业要能识别、发展不成文的规章制度、工作模式和企业文化。
4. CF—持续支持：企业要确保持续支持创新活动。
5. EE—探索和实验：企业亲自定义"自由空间"并亲自尝试，这样企业就会知道边界在哪里。
6. EM—员工流动：员工在企业生态系统中可以随时改变工作时间、工作地点和工作内容。
7. EU—忍受不确定性：一个组织想创新、想发展，就要学会长期忍受不确定性，学会合理处理模糊不清的问题。
8. FR—灵活的角色：允许组织中不同的人灵活承担不同的任务和角色，不需要受制于等级制度。
9. GM—成长思维：组织不是一个成品，而是一个不断优化、不断发展的活的有机体。
10. HT—混合型思维：组织应当允许新旧模式共存，要具体情况具体分析。一个组织应当至少有两种运行模式，可以在"部门内自治——部门间协调"和"传统管理模式——创新管理模式"之间来回切换。
11. IA—个人欣赏：以欣赏的眼光看待创新，即使很难实现也应当尊重它。
12. ID—迭代交付：为功能性增量持续开发部分解决方案。
13. MP—目的决定方法：为解决重复性问题，要拒绝方法上的教条主义，发展多机制系统。
14. MR—心存警觉、弹性创新：在动态发展的企业环境中要管理破坏性因素，还要为创新实验提供支持，增大容错性。
15. MT—大胆想象：大胆想象！——有意识地大胆想象，让新想法帮助自己重新思考问题。
16. PM—问题挖掘：深入分析某一应用领域问题所在并开发出新的解决

方案的能力——有时，我们需要挖掘的问题远远超出现有的问题。

17. PS—心理安全：要营造出包容的企业文化和工作氛围，员工可以自由表达观点和意愿。

18. RS—简化流程：尽可能简化过程，满足基本需求的同时防止出现重复、复杂的流程。

19. RT—把控节奏和时间：在平行工作中，或在部分交付的情况下，要定期以可管理的节奏和时间进行自我调节。

20. SC—展示案例：展示具体、生动、鲜活的实践案例，引导潜在客户在他的领域（行业领域、工作领域、研究领域）里应用新的实践或生产理念。

21. UC—以用户为中心：从用户端获取灵感和反馈，将公司所有的行动都集中于能够产生更多价值的地方。例如，描述用户的深层需求，将其作为所有现实问题的起点（"逆向思维"）。

海底潜水：谁是关键

需要优先处理的积压问题

1. 怎样才能建立一个既有领导人又有协调人的创新社区？
2. 如何让企业文化助力创新？

怎样才能建立一个既有领导人又有协调人的创新社区？

"看样子，一切都是经过深思熟虑的，非常合理，"佩尔在此次潜水行动前说，"但是，我们员工过去20年兢兢业业地工作，烧制屋顶瓦片，一直很成功。为什么现在突然又要开发用于 3D 打印的材料，还要转型为一家数据处理公司？要是这么干，那我们之前所有的经验和知识都没用了。我想知道的是，真的有必要将唐古拉的员工变成创新专家吗？只让少数人开始创新，把他们作为唐古拉的创新源泉和成功的助力，还不够吗？"

"确实如此，"斯文贾回答，"确实不是每个员工都有能力和意愿从事创新工作。我们不应该尝试让所有员工都去创新，否则只会激发公司的免疫系统。""我们得找到那些喜欢创新、愿意创新的人，从他们开始。"佩尔建议。

接下来的潜水实验，塔雅尤其注意可以承担领导者和协调者的人选。很快，她就意识到，这两个角色能够在实践中发挥巨大作用。领导者可以为团队带来内在动力和专业知识，他还能创造性地找到解决问题的诀窍。而协调者是问题解决方案与操作者之间沟通的桥梁，协调者具有多年跨部门工作的经验。

与此同时，斯文贾和佩尔还对招聘、选择合作伙伴特别感兴趣（SR 基因——有创新精神的员工）。潜水实验是为了帮助斯文贾找到更有价值的主意，斯文贾想彻底改变唐古拉传统的招聘模式。她还要迅速定义、建立唐古拉创新生态系统，将其与潜水行动连接起来（第 5 章，项目 2：搭建砖瓦创新实验室）。寻找合作伙伴尚属于未知领域，因为这需要在和以往完全不同的部门和领域内搜索（EI 基因——热衷发明创造，CM 基因——能力匹配）。

如何让企业文化助力创新

"改变唐古拉的企业文化，"斯文贾心想，"这不就是整个转型改革的目标吗？通过整合创新基因，一点一点改变文化。那么，什么叫'文化'？'文化'的实际含义究竟是什么？"在冲刺阶段，这就是任务！斯文贾搜索维基百科，上面写道："'文化'一词来源于拉丁语 cultura（栽培、关心、培养、训练）……从广义上讲，文化指人类以创造性的方式生产的一切——与不经创造和改变的自然相反。"

"看起来很有道理，"斯文贾总结说，"但这好像与具体的企业文化无关。"斯文贾接着往下看："组织文化指的是组织内文化加之模式的产生和发展。有时也叫'企业文化''公司文化'甚至'管理文化'。"

"啊，在这儿！价值观和模式，相当于我们的工作指导原则——也就是我们的基因。"斯文贾开心地说。

"嗯，文化的定义弄清楚了。那么，'创新文化'又是什么？"斯文贾又想。毕竟，冲刺的目的就是为了弄清楚这个问题。维基百科上对此也有相应解释："'创新文化'是指由参与创新过程的人的行为所塑造的所有规范、价值和态度，即参与创新的人以这些规范、价值和态度作为行为标准和导向。由于创新一定涉及跨部门合作，创新文化也必须具有跨部门性，它由所有参与创新的人共同塑造、执行。"这符合以下创新基因：CL基因——不断学习、CD基因——建设性对话、CA基因——文化意识、BR基因——打破传统。

创新文化描述了组织文化中的具体特征，其主要目的是促进公司创新的发生。创新文化能为员工创造积极的激励措施，从而整体提高公司的创新能力。——"啊哈！这不就是RD基因（减少防御）嘛！"斯文贾总结。

"说得挺好，"斯文贾给佩尔读了维基百科上的描述后，他这么说，"尽管如此，我对'文化'这个话题还是有点琢磨不透，很难在公司里进行系统管理。"经过一小时深入讨论，所有参与潜水行动的人都觉得单独研究创新文化没有意义，于是他们决定提前结束潜水实验。塔雅想要继续研究文化的提议也遭到否决。

"公司的行动指导原则十分透明，我们已经全然了解。现在，我们得集中精力开始实施潜水战略，继续重新设计企业基因。这样，我们就可以在企业中系统地发展文化。"斯文贾言简意赅地指出当下的任务。在这一点上，不需要付出额外努力或实验，唐古拉本身有的已经足够了（AA 基因——部门内自主和部门间协调）。

哪些创新基因可以与唐古拉的 DNA 融合

在潜水行动中，唐古拉管理委员会发现，以下基因可以整合到唐古拉的 DNA 中：

适应阶段：可以融入唐古拉 DNA 中的创新基因

1. AA—部门内自主与部门间协调：一个组织要兼容"部门自我管理"和"部门间协调一致"。
2. BR—打破传统：企业要大胆质疑现有的认知、思维和评价模式。
3. CA—文化意识：企业要能识别、发展不成文的规章制度、工作模式和企业文化。
4. CD—建设性对话：为推进手头工作，解决冲突时要始终进行建设性的沟通。
5. CL—不断学习：保持永不满足的好奇心。
6. CM—能力匹配：企业要学会将合适的合作伙伴放在合适的时间和地点。
7. EI—热衷发明创造：企业要有发展壮大的雄心，有敢为人先的魄力，敢于开发新事物，敢于直面差异化，有为客户提供独一无二的产品或服务的愿望。
8. RD—减少防御：暂时推翻组织的"免疫系统"，停止追求稳定的企业文化。
9. SR—有创新精神的员工：吸引那些敢于挑战传统、敢于创新的员工。

需要做些什么

需要优先处理的积压问题
1. 如何获得灵感？
2. 如何建立探索构架？
3. 如何分享经验？
4. 如何拥有创新能力？
5. 如何实现创新？

如何获得灵感？

正如塔雅在访问德国、奥地利和瑞士的创新企业时看到的那样，越来越少有公司依靠传统的培训或教育方式发展创新文化（BR 基因——打破传统）。"创新无法训练，"塔雅说，"发展创新是一个社会过程。我们无法培训创新，最好的获得创新能力的办法就是'工作'。"（JE 基因——创建集体经验）。

塔雅已经尝试了一段时间的体验式学习、对话，从"主持艺术"和"解放结构"中系统分享经验。她希望能给这些对话更多机会和空间，帮助员工建立信心。作为人力资源发展战略的组成部分，这些对话可以在开拓者、专家和协调者之间建立智能网络以供经验交流（SC 基因——展示案例）。

塔雅与斯文贾以及选定的创新者一起在这次潜水中开发了一个原型——关于经验交流应当如何运作，如何让其服务于共同学习（CL 基因——不断学习，PL 基因——过程领导力）。她想用这种新方式激发灵感、鼓励员工。同时，她还想借此尝试鼓励管理者和员工热爱实验，让他们接纳敏捷管理（EE 基因——探索和实验）。

当然，也不能因为发展创新而忽视基础工艺和流程知识。最后，还需要注意的是，开发出的原型可能使创新成功，但也可能失败。"无论成功还是失败，我们都应该公开，并对结果进行反思总结，从中吸取教训。"塔雅说。（CD 基因——建设性对话）她以 JOSEPHS® 的"实验岛"为参考，将对创新感兴趣的经理和员工的个人学习形式联合起来，组成一张"学习网络"。然后，她开始第一种对话形式：聆听震撼人心的演讲或者去其他公司考察的短途旅行，让参与者不断超越自己的局限，离开自己所在的舒适区去发现新事物。

如何建立探索构架

紧接着就是"探索挑战"，塔雅戏称为"探索星期五"（EE 基因——探索和实验）。在为期一天的研讨会上，与会者必须解决一个问题。他们就像在"沙盒"里一样，可以自由实验和开发。在这个过程中，他们可以以轻松愉快的心情学会敏捷管理的逻辑。研讨会上，唐古拉的员工们踊跃参与、积极交换意见，塔雅收到了许多处理新问题的提议。她把那些与唐古拉没有关系的问题排除，着重倾听与公司有关的问题，整个研讨会下来，她没有感到压力太大。与会者能够以小团队为中心，以公正的心态面对挑战（PS 基因——心理安全）。最后就是学习实验，这是任何创新项目都迫切需要的能力之一。

如何分享经验

"学会成长"经验交流会为经验分享提供了一个安全的环境。塔雅以失败的灯塔项目为基础，进行反思。

她非常熟练地使用从 Scrum 项目中学到的敏捷回顾。第一次会议，她邀请了丹尼尔，请丹尼尔分享他将"共识原则"融入会议的经验。这是他们第一次公开谈论失败、挫折和耻辱（SC 基因——展示案例）。塔雅巧妙地结合了欣赏基因（IA 基因——个人欣赏），并将经验交流会的重点放在未来的学习行为上。

这种形式受到了员工的广泛欢迎，所以，很快就有第一位来自质控部门的员工提出了下一个"学会成长"经验交流会的主题——Workhacks①。这位年轻的员工是塔雅在之前一场评估会里认识的，他说："变革的起点一定是个人所处的具体环境。根据薛特肯（Schültken）等人所说，Workhacks 是一种'极简的破坏原有规则或改善现有工作流程和团队合作的方法'，这个方法可以打破根深蒂固的企业常规。"

"太棒了"，塔雅心想，并邀请他参加同一天举办的第二次经验交流会，显然，交流会肯定会为重新设计唐古拉企业基因作出巨大贡献。

如何拥有创新能力

塔雅和斯文贾在想，为了能够让创新项目顺利进行，他们的开拓者、专家和协调者除了现有技能外，还应具备哪些能力？他们冥思苦想，最后还是觉得应该是：心态。

该有的东西实际上都在：唐古拉内部拥有"正确的"专家，或者也可以额外招聘专家。在冲刺阶段，员工们一步一步理解如何找到创意，他们渐渐找到了诀窍。现在他们并不缺少创造性解决问题的能力、专业知识或内在动机。同时，唐古拉给予团队的支持也非常到位。鉴于此，塔雅和斯文贾认为，虽然向员工传授技巧也是一个办法，但是要想真正提高员工的创新能力，提升员工自身的好奇心以及他们能客观看待问题（CE 基因——好奇与热情）才是根本途径。

---

① *Workhacks* 是薛特肯（Schültken）的著作，书中讲了 6 次对根深蒂固的传统工作的攻击。——译者注

但如何传授这些技巧呢？为了回答这个问题，塔雅迈出了第一步。从现在开始，她在招聘面试中不再过多关注应聘者的专业知识，而是喜欢问"改变你已经习惯的工作方式，需要多久？""请举出一个你为公司带来持久变化的例子，请说明一下你是怎么做的。"

塔雅借此提高应聘标准。她这么做的目的是，招聘的员工不仅要优秀，还要满足整体要求。如果某个职位没有合适的候选人，那么宁可空缺该职位。（SR 基因——有创新精神的员工）。

塔雅试图定义典型的创新技能，并提供了一个"去创新"的内部培训。她使用唐古拉和其他行业的经典案例来说明，如何将一个想法成功发展为创新所需的逻辑、动力和思维方式。

如何实现创新

"给创新一个舞台"——在这个口号的鼓励下，斯文贾和创新委员会的同事们首次组织了一个创新日，在唐古拉公司大门举办了一场小型路演（SC 基因——展示案例，EE 基因——探索和实验）。

为了举办这个活动，他们将公司大楼的门厅彻底改造，用于展示唐古拉的历史成就，如布吕尔发明的"金色屋顶瓷砖"或足球场屋顶封顶仪式的照片。就像宜家那样，所有进入大楼的人都被引导观看一个简短的视频。塔雅复制了柏林 AWS 的演示办法：墙上的海报、大屏幕的视频展示了唐古拉目前创新项目的工作进展和部分成果。这样一来，对于唐古拉的管理人员和普通员工来说，创新瞬间变得触手可及。

斯文贾特别注意沟通要适当（RS 基因——简化流程）。她不同意将这样的"创新日"活动扩大为"创新周"或"项目结项奖颁奖活动"。"是的，只要有利于重新设计企业基因，一切都会被允许，但是一定到遵循'适度原则'。"她说。对于创新日上员工们的积极反馈，她感到很开心。

哪些创新基因可以与唐古拉的 DNA 融合

在潜水行动中，唐古拉管理委员会发现，以下基因可以整合到唐古拉的 DNA 中：

适应阶段：可以融入唐古拉 DNA 中的创新基因

1. BR—打破传统：企业要大胆质疑现有的认知、思维和评价模式。
2. CD—建设性对话：为推进手头工作，解决冲突时要始终进行建设性的沟通。
3. CE—好奇与热情：创新实验室要对人的思想、情感、价值观和行为方式充满好奇，并且保持中立的态度。
4. CL—不断学习：保持永不满足的好奇心。
5. EE—探索和实验：企业亲自定义"自由空间"并亲自尝试，这样企业就会知道边界在哪里。
6. IA—个人欣赏：以欣赏的眼光看待创新，即使很难实现也应当尊重它。
7. JE—创建集体经验：组织要创建积极的"共同记忆"，形成强烈的团队意识。
8. PL—过程领导力：建立舒适的工作流程，这个流程中包含所有的决策者和员工。
9. PS—心理安全：要营造出包容的企业文化和工作氛围，员工可以自由表达观点和意愿。
10. RS—简化流程：尽可能简化过程，满足基本需求的同时防止出现重复、复杂的流程。
11. SC—展示案例：展示具体、生动、鲜活的实践案例，引导潜在客户在他的领域（行业领域、工作领域、研究领域）里应用新的实践或生产理念。
12. SR—有创新精神的员工：吸引那些敢于挑战传统、敢于创新的员工。

10

快速前进：展望唐古拉具有颠覆性的未来

唐古拉的员工一直努力进行潜水实验，完成手中的积压工作。通过网络化方法，他们得以系统改变唐古拉的企业基因，进而改变企业内部的合作流程，形成《内部工作手册》。

出乎意料的变化

在过去几年里，唐古拉发生了翻天覆地的变化：改变商业模式、建立并扩大相关生态系统网络。布吕尔和他的团队一直在努力让唐古拉变成气候友好型经济市场的领头羊。这一切的开始来源于斯文贾在与初创企业建立合作时迸发的灵感。她的设想在电力转换（PtX）与碳捕捉及储存（CCS）领域十分有前景。

我们还记得：几年前，布吕尔开车来到公司，他问自己，一个德国企业家能为应对气候变化做些什么？尽管心存愧疚，布吕尔先生还是买了内燃机车，因为他知道，短时间内淘汰煤炭没那么容易。

2019年，格蕾塔·图恩伯格（Greta Thunberg）和当时欧洲绿色和平组织的领导人首次在瑞士达沃斯亮相。2020年是特殊的一年，这一年，随着欧盟签订《绿色协议》，全球经济方向随之发生根本性变化："零二氧化碳排放"成为商业领导人的新原则，在苏黎世联邦理工学院的一项研究于2019年夏末证实了这一想法的可行性后，2020年初各商业领导人就已经通过"万亿树苗"运动确定了可持续商业经济的新方向。

气候工程——地球的希望

从哪里开始？根据政府间气候变化特别委员会（IPCC）的计算，按照2015年签订的《巴黎气候协定》，要想让全球平均升温控制在1.5℃以内，"负排放"——从大气中清除二氧化碳——很有必要，这需要从大气中提取多达1000千兆吨的二氧化碳。这意味着范式的真正转变。

二氧化碳储存方案包括地质储存、海洋储存和矿物碳化。虽然在当时，这些似乎只是一种设想。2020年1月，格雷塔还在达沃斯会议上警告，要防止滥用尚未测试的不成熟技术，失败会渐渐打破人们的希望，让人们丧失信心。但是，发展气候工程的相关技术，需要大量财政支持（如比尔·盖茨的基金会），才能走上正轨。

"木空间"

碳捕捉和储存（CCS）技术的开发和应用变得不再那么昂贵，人们也在寻找新的应用。但是，由于旧天然气和石油井中储存了大量的二氧化碳，一旦一口老井被打开，里面的大量的二氧化碳会轻易进入大气中，因此，碳捕捉和储存技术也面临着一定的挑战。同时，由于饱和效应，海洋储存也濒临极限。

斯图加特机场的创新中心有一个"木空间"（Woodspace），这是一个充满未来主义的地方。斯文贾有了一个绝妙的想法，她加入了一个技术公司，参加了一个关于碳捕捉和储存技术的联合创意研讨会。"为什么我们不把二氧化碳储存在我们的屋瓦中？"她大胆建议。气候工程项目雏形初现（MT基因——大胆想象）。目前为止，只有少数试点项目在主攻二氧化碳的储存媒介：

①地质储存；②海洋储存；③矿物碳化。这些试点项目利用公共资金对这些技术进行广泛、深入的研究。

改变一切的新希望

然而，目前为止，这3种基本技术都还没有真正流行起来。由于应用领域离我们太远，成本太高，这些技术几乎无法实现。大多数试点项目都在尝试地质储存，其他两项技术——海洋储存和矿物碳化——目前为止几乎没有应用案例。但是现在出现了一个新希望，初步试验表明，二氧化碳也可以储存在屋瓦中。虽然一开始少有人信，觉得这个想法异想天开，没有可行性。但是现在，它突然成为"木空间"的头号讨论话题。

在接下来三年，唐古拉成功建立起一个国际性测试市场。唐古拉成功进入自己创造的细分市场，与一些重要的参与者一起合作。那么，接下来有什么新发现？突破性的创新会是什么？

> **场景说明**
>
> 亲爱的读者，尽管一些技术在今天来看似乎不可能实现，但是随着技术的发展，一切都有可能实现。在未来，会发生越来越多超出我们想象的事情，因此，在接下来的故事中，我们先假设这些场景在未来可以实现。想象成就未来，请大胆想象吧！

用矿物碳将二氧化碳引入铺设在屋顶上的瓦片中，其实是一个免维护技术，这样不仅可以储存二氧化碳，而且可以增加屋顶的隔热性能。为了改善碳化反应，只需要防止和克服反应抑制效应。管理委员会在柏林学习了"加速器项目"，高功率超声波被证明是一种有前途的工艺强化技术。有了这个技术，我们可以可持续地改善碳化反应，尤其可以改善反应速度。

经过密集实验阶段，唐古拉在国际上成功申请了许多专利，帮助其在相关领先技术领域奠定了基础。接下来需要继续完善流程，这需要利用制图学、电子存储介质以及其他关键技术。

一切都成为可能

在远离母公司的斯图加特机场，"木空间"里正发生大大小小的突破。这也是目前唐古拉非常紧要的任务，因为唐古拉总部正在接待硅谷的两家大公司——Gogol 和 PoleX。公司总部走廊太窄、太暗，纯粹的功能性建筑太压抑，离公司领导层太近。"木空间"则不同，那里鼓励即兴创造，允许大家有新的想法。PoleX 公司的创始人埃德蒙·胡斯克（Edmond Husk）和他的团队非常赞赏唐古拉的创新团队。

唐古拉有两百多年的历史，在砖瓦建造方面拥有丰富的专业知识。借助嵌入砖本身的流体结晶颗粒，唐古拉研发了能量回收系统，为批量生产作准备。由于只有科技公司 PoleX 能够提供足量的作为能量储存基本催化剂的高纯度铱和超级铪，所以能否与 PoleX 合作，直接决定了这项技术的成败。通过唐古拉专家与海因茨赞助的一家初创公司的合力研发，最终开发出可以在屋瓦表面下进行二氧化碳储存过程的节能工艺。

那么，唐古拉和合作伙伴共同研发了哪些生产技术？首先是一个封装的氦-3 反应器，可以提供 5 个大气压的压缩力，这意味着二氧化碳或甲烷等关键温室气体的总转化率取得了真正的突破，无论这些气体是天然的还是人为的。

这一突破带来的直接影响就是：可以大规模建立碳捕捉和储存技术试点系统。很多早期在该项目上已经投资的风险资本家想让越来越多的公众关注这一革命性技术的发展，但是由于他们签了保密协议，什么都不能透露。目前，唐古拉一直没有公开与 PoleX 及其他创新生态系统的合作，这一点上，唐古拉非常谨慎。甚至连相关专利的关键信息也没有向公众透露丝毫，因为这个项目看上去太神奇了，很容易被大众当作疯子。但是现在，相关专利已经在专利登记处登记，专利证书也已经颁发。

因此，斯文贾和来自 PoleX 公司的埃德蒙一起，做好充分准备，准备宣布这个未来的新计划。300 多个记者齐聚斯图加特机场，斯文贾和埃德蒙打算让他们看看全新联合商业的预告片！

为世界建造屋顶

"我们正为全世界建造屋顶！——10 亿屋顶计划"——这是预告片的标题。从瑞士达沃斯白雪覆盖的屋顶上开始，第一块 CCS 瓷砖映入眼帘，震撼着现场的每一位记者，正式进入全世界的视野。之后是墨西哥阿卡普尔科、荷兰阿姆斯特丹、阿拉伯联合酋长国的阿布扎比、丹麦哥本哈根、埃及开罗、南非开普敦、中国深圳、德国慕尼黑、俄罗斯摩尔曼斯克等其他地方——CCS 瓷砖已经在全世界 100 个地方投入使用。画面放大，看到其中一个屋顶，预告片向在场记者深入展示碳捕捉和储存技术的运作原理。影片结束，机场一片欢呼声。

埃德蒙走到正在鼓掌的观众面前，说道："我们生产的屋顶是整个世界的福音，它将为地球带来一颗健康的肺！"斯文贾也说："我们的计划将为世界气候变化作出巨大贡献，这个星球上的每个人都会受益无穷！全世界有 30 亿屋顶，无论是民用住房、工业建筑、公共机构还是购物中心，据统计，平均每个屋顶需要约 850 片 CCS 瓦。这个月，我们的产品开始在 535 家家居市场上售卖，据我们推测，每天都会新增 1365 个新屋顶。那么，12 个月后，全世界将需要 16.5 亿块 CCS 瓦。这么一来，世界上还有哪家企业能与我们竞争？"

埃德蒙接着说："除了唐古拉和开发现代工艺技术的初创企业，Goomy Search 公司也于今天正式加入我们的计划。有了 Goomy Search 公司的互动地图技术——Goomy Maps，我们可以知道，我们的产品每天可以为大气减少多少二氧化碳。当然，这也吸引了越来越多的人加入我们！"

他说着打开大屏幕，在网络浏览器中调出 Goomy 地图，并点击"已激活的 CCS 瓦片"。接着，整个地球上，到处都有小点亮起，特别是在海岸线和大都市的亮点更加密集。斯文贾看了看表，上午 11 点 55 分，他说："今天已经过去一半，此时的亚洲以及大洋洲各国是天刚亮，而美洲北部、南部和中部还是夜晚，欧洲和非洲的人们已经开始辛勤工作了。这样来看，我们今天大约得安装 116 万块 CCS 瓦片。因此，我们从大气中吸收第一个千兆吨的二氧化碳指日可待！"

一位国际媒体代表提出了一个大家都很感兴趣的问题："你们什么时候能达到你们自己确定的'10 亿目标'？""这个我们还不知道确切时间，但是我们相信这个目标迟早会实现。"斯文贾坚定地回答。"如今有了现代工业机器人和模块数据库的支持，我们每季度产量可以增加 50%，照这个趋势，'10 亿目标'几年后就能实现。"

斯文贾接着说："全世界一起努力，把二氧化碳排放量减少到工业化前的水平，还需要 5 年。在我们来看，这是很有希望的。""简直就是奇迹！"埃德蒙赞叹道。"不，这是重新组合后的创新基因带来的成效！"

唐古拉已经成功地更新了企业基因，那么，现在的成功法则是什么呢？

11

成功法则：重新设计企业基因的行动指南

几年前，古斯塔夫·冯·布吕尔将管理委员会送出去考察，几年后，管理委员会学成归来，正式开启唐古拉的创新之路：创新成为唐古拉的一项"不遗余力要完成的艰巨任务"。但是，究竟是什么为唐古拉带来了创新的动力，使得那些创新基因能一步一步成功融入唐古拉的企业DNA中，并发挥巨大作用？创新转型究竟是如何开始的？如何永葆这样强劲的创新势头？

正如能源系统发生的重大转变，重新设计企业DNA也需要分阶段进行。化石燃料不可能一夜之间被取代。石油、煤炭和天然气的替代产品也不会仅仅只有一种新能源。相反，未来会有多种新型能源共存，并且石油、煤炭和天然气也会继续发挥作用，只不过它们会逐渐被其他能源（如电力或氢气）所取代。不过，这种情况越来越多地发生在工业厂房、移动建筑和居住用房领域。

意外总是突然出现，并且往往有它自己的逻辑和规则，同时，"一对一交换"原则也失效了。多年来，优步、爱彼迎和Spotify媒体平台一直在大胆展示，如何从企业巨头那里获得丰富经验，不费吹灰之力地壮大自己。这可不是抄袭，而是一种全新的组合方式，而新的组合需要实验检验。

唐古拉重新设计自己的企业DNA，也是如此。简单取代旧基因、重新确立新基因（即行动原则）的尝试以失败告终后，唐古拉很快意识到，他们需要一个启动变革的触发器。在唐古拉能源系统转型中，这个触发器就是气候变化。唐古拉面临的问题是企业思维太死板，从全局来看，这种思维有助于收集和了解其他项目实施者的想法，但是，这些想法中的很多内容根本无法在团队中一一实现。刚开始，大家陷入了没有方向的行动主义，但是正是这种行动主义，为企业带来了宝贵经验，让人们认识到，要想让创新有成效，还需要更多东西。

通过实验，让不同的基因接触、组合，逐渐摸索出更好的基因集合，发现有效的基因组合，成为企业的行动指导原则。对不同基因组合进行实验，逐渐激发了企业各个层面的创新活力。

把单个基因与其他基因组合，形成组织的行动指导原则，需要遵循一个原则，那就是，这个基因组合首先要在个别行动中逐渐发展成熟，其次要移植到团队合作，最后再传播到整个组织。大多数情况下，这是自然发生的流程。需要注意的是，在开发新基因组合的同时，也要允许现有基因继续发挥作用，以维持组织必要的稳定。

稳定，是自由创新之基；稳定，是发展组织免疫系统的前提。刚开始，自由空间必然很少，一旦提及创新，组织中的成员难免彼此不信任。但是创新是一个循序渐进的过程，它的架构和规则与核心业务不同。企业刚开始自然不知道如何真正实现创新，当然也没有相应的行动指南。

潜艇战略的实施，促进了企业合作文化和决策方式变化的可持续性。这为企业的创新发展提供了战略和架构，同时也是创新发展的行动指南。

这些方法虽然不至于多么高深莫测，但是其作用却是巨大的。凭借行动指南，实施者能够判断什么是正确的做法，能作出更加有利于创新转型的决策。行动指南由企业的员工自己开发、测试、完善，只要企业鼓励、允许员工参与进来，他们一定能做得很好！

从唐古拉的发展史可以看出，秉持着"边做边学"的原则，企业可以一边探索新基因，一边优化旧基因，两者之间相互联系、互相影响。正如重组能源系统时所做的那样，唐古拉现在的处境与当初的想象不同，重新设计企业基因的指导手册和创新发展的行动指南已经奏效，系统现在可以自我更新了！

重新设计企业基因，为创新发展制订行动指南，需要遵循以下原则：

潜艇战略的逻辑

- **未来就在此时此地**：潜水和实验的结果已经在集合创新基因的过程中逐渐形成。参与者将他们在创新基因方面得到的经验应用到传统领域。他们逐渐培养和塑造新的工作方式。因此，以冲刺和实验的形式进行潜水行动，就是未来的合作形式。
- **及时消除现有障碍**：适应性架构的建立和组织框架的确立确保了创新基因能够真正发挥作用。由于工作是在组织的不同节点上进行的，采用小步快跑的形式面临的阻力最小。
- **我——团队——组织**：改变先从改变个人心态开始，通过冲刺形式将成功的改革移植到团队中，然后应用到组织中。
- **综合、协调、透明的方法**：联合实验和学习的模式打破了传统思维。脱离转型道路的个别举措未见成效。
- **以小步快跑的方式获得成功**：无论在小规模还是大规模上，成功都很快变得具体可见。大步子似乎能让我们迅速前进，但只有小步子才能让我们走得更远。
- **顾问作为陪练**：潜艇战略由公司的关键人物独立实施，不需要传统的建议。顾问成为合作伙伴，主要是在流程架构方面提供咨询，并且促进冲刺阶段，支持关键行动者的决策。

图 11-1 是一个切实可行的行动指南，帮助公司更多地创新。表 11-1 是我们潜水行动的时间顺序。

创新行动指南

目标：找到适合创新任务的新基因组合

#1 创造条件
创造条件，其中包括找几个适合创新的场所

#2 开始循环
制订战略冲刺阶段的行动计划，并进一步计划临时潜水

#3 实验
反思经验、优化冲刺计划，采用新的基因组合

#4 优化
基于三个飞行层面进行思考，持续调控行动

图 11-1　创新行动指南

第一步：创造条件

- 只有把目光投向舒适圈以外的地方，结合发展进程，进行必要的行动，才能产生明显成效并确保获得外部的广泛接受和支持。然而，新想法不在外面，而是在公司自身和所处环境中。

- 管理委员会意识到，事情不能再这样下去了。把创新当作"副业"，只是装模作样的执行是不够的。创新剧场大多只是用来沟通和营销——它的成本太高了，而且成果不大。

- 要无情的揭露现状。重要的是要弄清楚公司的相关人员究竟如何理解创新。然后提出正确的问题，并确定哪些新基因可以建立，哪些基因是缺失的。

- 在创新时也需重视稳定因素。如果没有核心业务创造的价值——营业

表 11-1 用于透明显示各个潜水状态的看板

下潜状态		潜水行动编号				
潜水区：指导问题	积压任务 - 潜水研究问题：从指导性问题中得出具体问题	计划 - 潜入和潜水计划：从每个问题中衍生出实验与基因组合	行动 - 潜入深处：在潜水中实验基因组合	检查 - 潜水和潜水评估：评估基因组合的有效性	适应 - 找到使用意见：哪些组合基因适合引入唐古拉	缩放 - 根据潜水行动和依赖性管理协调研究结果
		正在进行 已经完成	正在进行 已经完成	正在进行 已经完成	正在进行 已经完成	正在进行 已经完成
潜水周期 定向潜水	1. 我们为什么非要创新？					
	2. 我们的创新战略是什么？					
探索潜水	3. 潜水中什么因素起关键作用？					
	4. 我们需要什么样的创新框架？					
	5. 我们用什么来创新？					
海底潜水	6. 谁是关键行为人？					
	7. 关键实施者需要具备哪些能力？					

额和利润，就不可能有实现创新的自由空间。

- 确定创新场所、项目参与人。这里的规则是宁缺毋滥。

第二步：开始循环

- 开始时创造创新空间和创新情景，让人们可以在具体的任务中即兴发挥。
- 设立两到三个战略冲刺阶段，以解决潜水领域一的问题（为什么创新？如何创新？）；制定创新战略；从中确定两到三个在潜水领域二需要进行的临时潜水任务、实验或内容项目。
- 各自确定积压任务处理计划。例如需要做哪些实验？制订"完成计划"（DoD）：成功实验，需要哪种基因或基因组合。
- 按照15–10–15的逻辑来实施实验。

第三步：实验

- 在所述的节奏中继续这一动态。必须注意不要在同一时间有太多的潜水，以便遵守"不要随意开始，开始就要完成"的逻辑。
- 反思，并转入新的冲刺阶段，规划第二潜水区的主题（参与人、行动框架、实验方式）或内容项目。
- 为组织找到正确的节奏。在此基础上，从潜水区二和潜水区三确定可管理的临时潜水和实验，并将这些经验汇集起来。

第四步：优化

- 基于"飞行三阶段"思考和行动：

飞行阶段 1——单个团队操作

飞行阶段 2——多个团队合作

飞行阶段 3——战略组合协作

致 谢

感谢过去 20 年中，为我们提供丰富案例的客户，没有他们，就没有这本书。许多案例，已经成为唐古拉创业史中不可或缺的一部分。

同样要感谢的还有奥地利、瑞士和德国的企业和机构，它们对我们的实地考察给予了莫大的支持和帮助。

1.MetaFinanz – 信息系统有限公司，慕尼黑；www.metafinanz.de

2.JOSEPHS® 有限公司，纽伦堡；www.josephs-innovation.de

3.Maschinenraum 有限公司和 wattx 有限公司，柏林；www.maschinenraum.io, www.wattx.io

4.Hubraum，柏林；www.hubraum.com

5. 林茨烟草工厂发展与投资有限公司，林茨；www.tabakfabrik-linz.at

6. 工厂城，比尔；www.lawerkstadt.swisscom.ch

7. 亚马逊网络服务有限公司，柏林；www.aws.amazon.com

8. 来自 D-A-CH 地区的一家匿名公司

参考文献

Bilgram, Volker/Füller, Johann/ Leitl, Michael (2018): Wie Innovationen Erfolg haben. In: Harvard Business Manager 03/2018.

Dueck, Gunter (2013): Das neue und seine Feinde: Wie Ideen verhindert werden und wie sie sich trotz– dem durchsetzen, Frankfurt/Main.

Gassmann, Oliver/Meister, Christoph/Wecht, Christoph/Bömelburg, Raphael (2018): Der Innovations– kulturnavigator: 66 Karten für den Kreativprozess, München.

Hagmann, Jean–Philippe (2018): Hörtauf, Innovationstheater zu spielen!: Wie etablierte Unterneh– men wirklich radikal innovativ werden, München.

Herger, Mario (2019): Foresight Mindset™: Die Kunst und Wissenschaft, seine Zukunft zu designen, München.

Lasnia, Marko/Nowotny, Valentin (2018): AGILE EVOLUTION: Eine Anleitung zur agilen Transforma– tion, Göttingen.

LeMay, Matt (2019): Agil im ganzen Unternehmen: Wie Sie eine dynamische, flexible und kunden– orientierte Organisation gestalten, Heidelberg.

Leopold, Klaus (2018): Agilität neu denken: Warum agile Teams nichts mit Business Agilität zu tun haben, Wien.

Lipmanowicz, Henri/McCandless, Keith (2014): The Surprising Power of Liberating Structures: Simple Rules to Unleash A Culture of Innovation.

Noack, Jana/Diaz, Jose (2019): Das Design Sprint Handbuch: Ihr Wegbegleiter durch die Produktent- wicklung, Heidelberg.

Nowotny, Valentin (2016): AGILE UNTERNEHMEN: Fokussiert, schnell, flexibel. Nur was sich bewegt, kann sich verbessern. Göttigen.

Nowotny, Valentin (2019): Führen mit Telefon, E-Mail, Video, Chat & Co.: Der richtige Medieneinsatz in der agilen Managementpraxis, Stuttgart.

Nowotny, Valentin (2021): Die vier Stufen der Agilität. München (im Druck).

Pogatschnigg, Ilse M. (2020) Art of Hosting: Wie gute Gespräche Führung und Zusammenarbeit ver- bessern, München.

Richtel, Matt (2019): An Elegant Defense: The Extraordinary New Science of the Immune System: A Tale in Four Lives, New York.

Schültken, Lydia/Tomoff, Michael/Baumann, Patrick/Iding, Céline/Decker, Stefan/Kruschwitz, Rainer/ Mathar, Markus (2017): Workhacks: Sechs Angriffe auf eingefahrene Arbeitsabläufe, Freiburg.

Schwandt, Dana (2019): Der Neuanfang mit Ayurveda: Wie du deinen Stoffwechsel optimierst und dich wieder ins Gleichgewicht bringst, München.